A ARTE DE PENSAR COM CLAREZA

Hasard Lee

A ARTE DE PENSAR COM CLAREZA

A poderosa técnica de tomada de decisão
revelada por um piloto de caça

Tradução
Tiago Lyra

1ª edição

RIO DE JANEIRO – 2024

CIP-BRASIL. CATALOGAÇÃO NA PUBLICAÇÃO
SINDICATO NACIONAL DOS EDITORES DE LIVROS, RJ

L517a
    Lee, Hasard
        A arte de pensar com clareza : a poderosa técnica de tomada de decisão revelada por um piloto de caça / Hasard Lee ; tradução Tiago Lyra. - 1. ed. - Rio de Janeiro : Best Business, 2024.

        Tradução de: The art of clear thinking : a stealth fighter pilot's timeless rules for making tough decisions
        ISBN 978-65-5670-049-6

        1. Processo decisório. 2. Solução de problemas. I. Lyra, Tiago. II. Título.

24-89118   CDD: 658.403
                            CDU: 005.311.6

Meri Gleice Rodrigues de Souza - Bibliotecária - CRB-7/6439

Título em inglês:
The art of clear thinking: a stealth fighter pilot's timeless rules for making tough decisions

Copyright © 2023 by Justin Lee

Todos os direitos reservados. Proibida a reprodução, armazenamento ou transmissão de partes deste livro, através de quaisquer meios, sem prévia autorização por escrito.

Texto revisado segundo o Acordo Ortográfico da Língua Portuguesa de 1990.

Direitos exclusivos de publicação em língua portuguesa somente para o Brasil adquiridos pela
Best Business, um selo da Editora Best Seller Ltda.
Rua Argentina, 171 – Rio de Janeiro, RJ – 20921-380 – Tel.: (21) 2585-2000, que se reserva a propriedade literária desta tradução.

Impresso no Brasil

ISBN 978-65-5670-049-6

Seja um leitor preferencial Record.
Cadastre-se no site www.record.com.br
e receba informações sobre nossos
lançamentos e nossas promoções.

Atendimento e venda direta ao leitor:
sac@record.com.br

Este livro é dedicado aos guerreiros do ar que
sacrificaram suas vidas por seu país e em busca da excelência.
Desejo a vocês sorte e uma boa jornada.

SUMÁRIO

Introdução	9
1. Avaliar	23
2. Leis de potência	43
3. Lições aprendidas	69
4. Previsão rápida	103
5. Criatividade	127
6. Resistência mental	157
7. Priorize e seja decisivo	189
Epílogo	215
Agradecimentos	217
Bibliografia	219

INTRODUÇÃO

Como piloto de caça, uma das coisas às quais se acostuma é estar sempre à beira de uma morte em meio às chamas. Você se encontra numa situação de perigo, em que o sucesso de cada voo depende de milhares de decisões certas. Basta um movimento errado para que um voo termine em catástrofe, o que, infelizmente, já aconteceu muitas vezes em nossa história.

Para se ter uma noção da velocidade que essas aeronaves atingem, vou contar uma história do tempo em que pilotava um F-16. Na época, eu estava alocado na Coreia, e um dos jatos tinha acabado de voltar da manutenção – o motor havia sido trocado, e precisavam de um piloto para garantir que a aeronave estivesse em condições de voo. Era um jato protótipo – não possuía nenhum míssil, nenhuma bomba, nenhum designador de alvo nem tanque de combustível externo. Praticamente um carro *hot rod* sem nenhum acessório, capaz de atingir sua velocidade máxima teórica.

Quando voamos, nós, pilotos, costumamos sair em formação para trabalhar as possíveis táticas; cada gota de combustível é usada para preparação ao combate. Essa missão, no entanto, exigia que eu decolasse sozinho e testasse o motor em diferentes altitudes e configurações de potência, sendo a checagem final uma corrida em velocidade máxima, em que eu deveria verificar os limites da aeronave.

Após a decolagem, entrei no espaço aéreo sobre o oceano designado e repassei rapidamente as diversas verificações do motor. O tanque só suportava 4 mil litros de combustível, o que nunca é suficiente quando se tem um motor gigante na traseira queimando mais de 10 mil litros de combustível por hora. Ao observar um F-16 de lado, é possível perceber que ele é praticamente só o motor – a estrutura é toda construída em torno dele, e o piloto fica sentado em cima, na parte da frente.

Passados 15 minutos, eu havia terminado todos os testes, exceto o último: a corrida em velocidade máxima. Eu estava a 25 mil pés quando empurrei o manete de empuxo para a frente, até o fim – essa era a potência máxima do motor Turbofan. Mas os caças têm uma fonte de energia alternativa chamada *pós-combustão*. Para ativá-la, girei o manete para fora, o que me permitiu movê-lo em um trilho separado. Isso ativou todas as bombas de reforço no sistema de combustível, que começaram a consumi-lo numa velocidade capaz de esvaziar uma piscina em minutos. No entanto, esse combustível não foi usado para alimentar o motor, mas foi injetado diretamente no escapamento, para que pudesse entrar em combustão como um lança-chamas, criando uma labareda de 9 metros na parte traseira da aeronave. Eu conseguia sentir o aumento do empuxo que me pressionava contra o encosto do meu assento. Acelerei para além de Mach 1 – a velocidade do som, que Chuck Yeager superou em seu Bell X-1. Em seguida, iniciei uma subida e, em segundos, já estava a 35 mil pés, sem parar de acelerar. Em pouco tempo eu estava a 45 mil pés, e comecei a desacelerar para chegar ao teto prático de 50 mil pés.

Era o máximo que eu podia subir, não porque o jato era incapaz de ir mais alto, mas por causa da cabine que, caso despressurizasse, faria eu desmaiar em segundos.

Olhando para além da capota a 50 mil pés de altitude, o céu agora era visivelmente mais escuro – eu estava quase no limite da atmosfera e podia ver o tom de anil-escuro acima de mim transformando-se aos poucos em um horizonte azul-gelo. Também era possível ver nitidamente a curvatura da Terra, à medida que ela desaparecia de meu campo de visão. À direita, estava toda a península da Coreia, verde e com uma fina camada de neblina; já à esquerda, algumas nuvens sobre o mar Amarelo me separavam da China continental.

Enquanto eu mantinha minha altitude, o jato continuava em aceleração. Agora, eu estava a Mach 1,4 – a mais de 1.600 km/h. Tinha apenas alguns minutos de combustível, então, para aumentar minha velocidade, empurrei o manchete para a frente e iniciei um mergulho. Pelo monitor de alertas, vi que me aproximava de Mach 1,5, informação confirmada por um antigo velocímetro analógico à minha frente, que girava lentamente no sentido horário, em direção ao limite vermelho de "nunca ultrapasse".

Quando atingi Mach 1,6, o jato começou a chacoalhar: a tensão extrema da resistência do ar – mais de 300 vezes superior ao que um carro experimenta em alta velocidade numa estrada – começou a fazer com que as asas de liga de alumínio se agitassem, fazendo todo o avião tremer. Esses tremores estavam aumentando rapidamente, com uma intensidade insustentável para a estrutura do avião.

AVIAÇÃO

Fazer uma aeronave voar é uma luta constante contra a física. Um avião viajar a 960 km/h a 30 mil pés não é algo natural. Não é uma ação à prova de falhas, o que significa que o padrão é cair – cabe à nossa engenhosidade e à nossa capacidade de tomar decisões fazer com que isso não aconteça. É um cenário específico e totalmente implacável. Enquanto uma pane elétrica em um carro costuma resultar em algumas horas no acostamento de uma estrada, uma pane elétrica no ar geralmente culmina em desastre. Mesmo nos negócios, são raras as decisões capazes de colocar uma empresa em risco e, quando ocorrem, só alguns funcionários participam delas. A aviação, por outro lado, depende de todos operando em nível de excelência *somente* para manter a aeronave no ar. É um sistema instável porque, ainda que apenas uma pessoa se esqueça de fazer seu trabalho, ou o faça de maneira inadequada, o resultado pode ser catastrófico. Foi essa natureza implacável, no entanto, que nos levou a aprofundar nosso foco quando se trata de tomar decisões.

No começo da história da aviação, os obstáculos pareciam ser intransponíveis. A taxa de acidentes era incrivelmente alta: considerando o número de voos de hoje em dia, teríamos tido impressionantes *7 mil* acidentes aéreos por ano no fim dos anos 1920. Isso provocou o surgimento de uma cultura praticamente obsessiva quando se trata da melhora da segurança na aviação. A cada acidente aéreo, iniciava-se uma investigação para o desenvolvimento de um aprendizado que pudesse ser incorporado em voos futuros. Essa natureza obstinada da aviação forneceu a estrutura perfeita para a análise de decisões. O caráter impressionante dos acidentes aéreos fazia com que eles não pudessem ser ignorados. Assim que ficavam sabendo de um novo acidente, uma equipe era enviada para investigar a causa principal, assim como os fatores contribuintes, a fim de entender não apenas como o avião caiu, mas *por quê*. Foi essa cultura de reconhecer os erros, buscar entendê-los e corrigi-los que possibilitou o sucesso da indústria de aviação comercial. Hoje, o setor representa uma das grandes conquistas da humanidade e, mesmo com quase 100 mil voos decolando todos os dias nos Estados Unidos, nenhuma companhia aérea norte-americana registra um único acidente fatal em mais de uma década.

O combate aéreo acrescenta outra camada de complexidade à aviação. Além de terem de pilotar os caças com segurança, lidando com o clima, o terreno e o tráfego aéreo, entre outros perigos, os pilotos também precisam enfrentar um inimigo cujo único objetivo é abatê-los. O combatente costuma ser extremamente qualificado e adaptável, e busca sempre explorar vulnerabilidades nas táticas e nas tecnologias de seus adversários. Cada lado procura ludibriar e induzir o oponente ao erro, interferindo assim em sua capacidade de tomar decisões.

As ameaças estão em constante mudança no combate aéreo, à medida que cada lado se posiciona para proteger suas vulnerabilidades ao mesmo tempo que explora as do adversário. As decisões são constantemente testadas e contrapostas nesse jogo de gato e rato fatal. Essa evolução contínua resultou num campo de batalha moderno que é tão diversificado quanto perigoso.

Atualmente, o inimigo é esquivo, se esconde no ar, na terra, no mar, no espaço e no reino cibernético, buscando atingir especificamente as vulnerabilidades. Há mísseis hipersônicos que percorrem mais de um quilômetro e meio por segundo, aeronaves furtivas que, no radar, parecem menores que um beija-flor, e sensores que podem identificar alvos fora de vista. Muitas vezes, o único alerta de um ataque iminente é o ruído ensurdecedor do explosivo segundos antes do impacto. A margem de erro é incrivelmente pequena. Todos os aspectos desses aviões são voltados para a performance, muitas vezes à custa da segurança. Tudo isso associado a orçamentos praticamente sem limites, que podem chegar à casa dos trilhões de dólares, resulta em aeronaves incrivelmente poderosas, mas perigosas de serem pilotadas.

VELOCIDADE

Conforme eu acelerava para além de 1,6 vezes a velocidade do som, o caça continuava a sacudir devido à tensão do fluxo de ar nas asas e na fuselagem. Olhei para trás e vi as asas normalmente inflexíveis do F-16 indo para a frente e para trás na corrente de ar. Eu nunca tinha voado tão rápido, nem experimentado a agitação das asas em alta velocidade. Embora o F-16 tenha sido projetado para atingir essa velocidade, isso se aplica a um caça novo em folha, que não era o caso do que eu estava pilotando, com 25 anos e milhares de horas de voo. Depois de tantos voos, cada caça adquiria características únicas, que identificávamos e registrávamos antes de cada voo.

Ao contrário das gerações anteriores de pilotos de caça, em que cada um tinha sua própria aeronave, hoje os pilotos do esquadrão compartilham os caças. É nosso trabalho se adaptar rapidamente aos pontos fortes e fracos específicos de cada aeronave e nos integrarmos a uma equipe letal. Como normalmente não voamos em velocidade máxima, não havia dados disponíveis para o teste – eu teria de avaliar em tempo real e me adaptar às instabilidades.

À medida que a turbulência aumentava, comecei a avaliar minha situação. Pelo que dizia o monitor de alertas, eu voava em Mach 1,6, e, para descartar a possibilidade de erro no indicador, o que poderia estar fazendo eu acelerar demais a aeronave, conferi o velocímetro reserva e vi que os dois indicavam a mesma velocidade.

A partir disso, olhei para o indicador de glissagem, que me dizia se meu leme direcional estava alinhado com a corrente de ar. Quando ele não está ajustado corretamente, é como se o avião derrapasse no céu, o que reduz seu desempenho – para um voo em velocidade máxima, tudo precisa estar perfeitamente alinhado. Como estava um pouco fora do eixo, precisei tirar uma das mãos do acelerador para mexer no painel do compensador, que fica atrás do assento e quase nunca é usado. Continuei olhando para a frente – mesmo que eu quisesse olhar para o painel, não conseguiria vê-lo. O F-16 foi projetado para um piloto com 1,77 m de altura, então, tendo 1,88 m, usando um colete salva-vidas volumoso e um traje *drysuit* antiexposição para me proteger da água gelada, eu estava praticamente preso na cabine de comando. Sem conseguir me virar para visualizar os interruptores atrás de mim, a única alternativa foi memorizar suas posições e ajustá-los pelo tato.

Mesmo depois de centralizar o leme direcional, nada aconteceu. As vibrações persistiam, e ficavam cada vez piores. Aquilo não era viável para a estrutura do avião – uma falha abrupta por sobrecarga mecânica seria catastrófica nessa velocidade e faria com que o avião se partisse instantaneamente em milhares de pedaços. Eu também estava bem fora do limite de envelope para fazer uma ejeção; caso fosse minha única alternativa, assim que o assento com propulsão de foguete me jogasse para fora da cabine, quase todos os ossos do meu corpo se quebrariam ao entrar na corrente de ar a 1.900 km/h.

Lembrei uma conversa que tive anos antes com um piloto de caça das antigas, cujo codinome era Cygon. Naquela época, eu ainda estava aprendendo a pilotar o F-16. Cygon, no entanto, já era um piloto de caça experiente, que tinha acabado de encerrar um período de trabalho com uma equipe no Pentágono e estava se requalificando no F-16. Nós dois éramos alunos, embora, para ele, isso fosse apenas um título temporário até que assumisse a liderança de um esquadrão de combate. Cygon era um ídolo entre os pilotos de caça, e, apesar de sua alta patente e de seu status, ele passava a maior parte do tempo com os alunos, fazendo o trabalho pesado no esquadrão. Era um mentor para os alunos e até mesmo para muitos pilotos instrutores. Essa falta de hierarquia nos permitia ter conversas francas com ele sobre as nuances de cada tipo de tática e sobre o que era necessário para se tornar um bom piloto de caça.

Certa vez, entrei na câmara segura, o centro nervoso tático de todos os esquadrões de caça, e Cygon estava lá contando uma história sobre o programa de testes do qual tinha participado com o F-16. Ele havia aprendido que, com uma configuração básica, o F-16 começaria a trepidar em torno de

Mach 1,6 – era uma área conhecida na qual as forças aerodinâmicas se combinavam e amplificavam as vibrações. Ele disse que era possível suportá-la se *aumentássemos* a velocidade, de maneira contraintuitiva. A mudança na ressonância amorteceria a deformação e reduziria a vibração. Era uma história interessante, mas eu não achava que se aplicaria ao voo tático que costumávamos fazer durante as operações de rotina.

Quando chegou o dia da minha corrida em velocidade máxima, eu já não me lembrava mais da história de Cygon. Mas sempre achei incrível como informações há muito esquecidas podem vir à tona justamente quando estamos diante de uma situação de vida ou morte. Quase todos os pilotos de caça que precisaram se ejetar falam sobre a clareza que tiveram quando foi necessário recorrer à complexa sequência de passos memorizados que tinham de seguir para serem resgatados, independentemente do tempo que havia se passado desde o treinamento. Assim que minhas asas começaram a sacudir, a história de Cygon logo me veio à cabeça.

Mesmo que a principal escolha a ser feita se resumisse a desacelerar ou acelerar, cada decisão tomada levava a outras. Se eu decidisse desacelerar, precisaria interromper o mergulho, aumentando a tensão sobre as asas, mas, neste caso, qual seria a intensidade? Ou será que eu deveria continuar no mergulho e simplesmente puxar o manete que estava na pós-combustão para trás, o que faria a desaceleração demorar mais, mas minimizaria o estresse nas asas? E se eu escolhesse acelerar, deveria manter o mergulho, reduzindo assim os comandos de manobra, ou aumentar o ângulo de mergulho para acelerar mais rápido? Eram infinitas decisões diferentes.

Eu não tinha tempo para pensar em cada opção, então recorri ao mantra: "Não há nada tão ruim que não possa piorar." A decisão padrão era deixar a aeronave em sua configuração atual. De acordo com a história de Cygon, a trepidação provavelmente estava relacionada à minha velocidade naquele momento. Eu precisava acelerar para além da velocidade atual o mais rápido possível, mas sem deixar que isso causasse um estresse desnecessário na aeronave. Optei por empurrar lentamente o manche para a frente, ampliando a inclinação do mergulho para aumentar a aceleração e, ao mesmo tempo, certificando-me de não causar um estresse indevido nos comandos de voo. Meu monitor de alertas indicava Mach 1,7, enquanto a trepidação ficava mais intensa. Eu parecia estar dirigindo em alta velocidade numa velha estrada de terra. À medida que me aproximava de Mach 1,8, foi ficando mais difícil ler as telas. Naquela altura, meus sentidos estavam hiperconscientes de tudo o que acontecia ao meu redor. Senti um embrulho no estômago – talvez eu tivesse feito a escolha errada. Se o avião se despedaçasse, nenhuma parte minha seria recuperada depois que meu corpo se desfizesse em mil pedacinhos. Logo afastei esse pensamento e me concentrei em pilotar o caça.

E então, em Mach 1,9, tudo se acalmou – tudo ficou assustadoramente calmo quando minha velocidade ultrapassou 2.400 km/h. Quando pilotamos um caça, normalmente não sobra tempo para apreciar a vista – ficamos dentro de uma bolha tática, e a única coisa que passa pela nossa cabeça é a próxima decisão a ser tomada. Aquele foi um dos raros momentos em que o tempo pareceu desacelerar, permitindo que eu registrasse a experiência. Ao olhar para baixo, pude ver os navios de carga deixando seus longos rastros pelo oceano enquanto se afastavam rapidamente da minha trajetória de voo. Percebi que a cabine de comando estava quente, e não era como se a temperatura tivesse aumentado, parecia ser uma irradiação de calor. O atrito do ar estava fazendo com que a carcaça da aeronave esquentasse com rapidez. Tirei uma das mãos, com luva Nomex, do acelerador e toquei uma área a cerca de 30 cm de distância da capota; ali, pude sentir o calor atravessando a luva, a sensação era de que eu tinha colocado a mão dentro de um forno.

Conforme entrava na atmosfera mais densa, minha velocidade continuava aumentando, até eu chegar bem no limite estrutural da aeronave. Quase sem combustível e com a corrida em velocidade máxima concluída, eu retirei o manete do modo de pós-combustão. Apesar do forte empuxo que ainda vinha do motor, a resistência do ar denso fez com que o caça desacelerasse rapidamente. Eu fui jogado para a frente com tanta força que fez com que as alças do cinto de segurança travassem. Ainda assim, foram necessários quase 80 quilômetros para que a aeronave desacelerasse até abaixo da barreira do som.

DECISÕES

Em resumo, o trabalho de um piloto de caça é tomar decisões – milhares delas a cada voo, e muitas vezes com base em poucas informações, o que pode vir a colocar vidas em risco. As decisões começam durante a fase de planejamento da missão, quando há o desenvolvimento dos processos e a alocação dos recursos para que o objetivo seja alcançado. Isso geralmente envolve centenas de pessoas com históricos diferentes em busca de um propósito comum. Em seguida, o voo deve ser executado sob a névoa e as turbulências da guerra, onde, por melhor que seja o planejamento de uma missão, sofrerá alterações. Isso significa que, apesar do imenso esforço dedicado ao planejamento de uma missão, sempre haverá decisões difíceis, aquelas que não foram previstas ou que não possuem respostas nos manuais, e que precisarão ser tomadas em voo. Depois, cada decisão é analisada como uma forma de aprendizado; assim, é possível saber o que pode ser utilizado no aprimoramento de decisões futuras.

Como pilotos de caça, estamos na vanguarda da teoria da tomada de decisão desde que o coronel da Força Aérea John Boyd desenvolveu o ciclo OODA – observar, orientar, decidir e agir –, com base em suas experiências em missões de voo durante a Guerra da Coreia. Nos anos seguintes, outros grandes pilotos de caça, como o coronel John Warden e o general David Deptula, também deram contribuições significativas quando se trata de tomada de decisões. É um campo em constante evolução, que oferece aos pilotos de caça as melhores ferramentas mentais possíveis para solucionar problemas que possam vir a enfrentar. Embora tenhamos pilotos talentosos, o mantra pelo qual apostamos nossas vidas é que um bom piloto faz uso de um discernimento superior para evitar situações que exijam o uso de habilidades superiores. Uma tomada de decisão precisa e clara quase sempre supera o talento por si só.

No entanto, a capacidade de tomar uma decisão correta com informações incompletas e em pouco tempo não é exclusividade dos pilotos de caça – é uma habilidade universal. De líderes a empresários, professores, enfermeiros e socorristas, o sucesso e a capacidade de atingir metas dependem de tomarmos as decisões certas no momento certo. O mundo é um sistema adaptativo complexo, em que todas as decisões estão interconectadas – assim como as engrenagens de um relógio mecânico, cada decisão afeta as decisões periféricas, muitas vezes levando a mudanças desproporcionais em seu resultado. Tudo na vida é uma troca; há um custo – seja ele de tempo, dinheiro, energia ou outro recurso precioso – para cada decisão que tomamos. O segredo é encontrar o melhor valor a longo prazo para o custo determinado. E os riscos de nossas decisões nunca foram tão altos como hoje.

A tecnologia já automatizou muitas de nossas tarefas de nível inferior, o que trouxe vantagens para cada decisão que tomamos. O computador em que estou digitando pode, por si só, realizar o trabalho que era feito por dezenas de pessoas apenas algumas décadas atrás; um carro pode viajar dez vezes mais rápido do que uma carroça puxada por cavalos; uma colheitadeira moderna pode fazer a colheita centenas de vezes mais rápido do que trabalho manual; e o caça que eu piloto permite que eu seja milhares de vezes mais competente do que seria por conta própria. Uma forma de ilustrar essas vantagens é por meio da energia que usamos. Uma pessoa comum, apesar de gerar fisicamente apenas 100 watts de eletricidade – aproximadamente o que uma lâmpada utiliza – agora consome mais de 12 mil watts de energia. É a energia que alimenta a tecnologia que amplifica nossas decisões. A diferença de resultado entre uma boa decisão e uma ruim nunca foi tão grande quanto hoje.

Mas o que é necessário para desenvolvermos esse discernimento e sempre tomarmos boas decisões? Embora aprender a tomar a decisão certa seja algo fundamental, não é algo ensinado na maioria das escolas. Em vez disso, as aulas se concentram no pensamento convergente, que diz que cada problema tem uma solução única e bem definida. É um método que nasceu da Revolução Industrial, uma maneira eficiente de os alunos memorizarem fatos, bem como uma maneira fácil de os professores avaliarem os alunos. Mas ele não é adequado para o mundo real, que é confuso e repleto de incertezas e riscos. No entanto, basta um mínimo de treinamento para que a capacidade de tomada de decisão de uma pessoa melhore substancialmente.

Como pilotos de caça, investimos recursos colossais para descobrir maneiras de otimizar a capacidade humana de tomar decisões. Somente o treinamento para desenvolver um piloto de caça experiente custa cerca de 50 milhões de dólares e tem duração aproximada de uma década. Tive a sorte de passar por esse treinamento duas vezes – uma vez para pilotar o

INTRODUÇÃO | **19**

F-16 e outra quando fui selecionado para pilotar o F-35. Depois, trabalhei como instrutor e ensinei centenas de pilotos de caça ao longo dos anos. Em minha última incumbência na ativa, fui Chefe dos Sistemas de Treinamento do F-35. Nessa função, ajudei a aperfeiçoar o treinamento da próxima geração de pilotos de caça, que continuará a servir como base de nossa força de combate aéreo nas próximas décadas.

Este livro é um refinamento dessas lições e demonstra o que os pilotos de caça modernos dos Estados Unidos entendem sobre tomada de decisão. Por sermos referência em tomada de decisão, ensinamos as técnicas descritas aqui a pilotos de todo o mundo, incluindo holandeses, dinamarqueses, israelenses, noruegueses, sul-coreanos, japoneses e dezenas de outras forças aéreas. Muitas outras equipes de elite também foram observar nosso treinamento, para que pudessem incorporar nossos ensinamentos em suas áreas de atuação. Já ensinamos cirurgiões, técnicos vencedores do Super Bowl, agentes da CIA, CEOs da *Fortune 500*, astronautas da NASA e muitos outros que agora usam esses princípios com sucesso em suas próprias áreas de atuação.

Contar histórias é a forma mais poderosa de transmitir conhecimento. Além de vivenciar uma lição por conta própria, as histórias trazem o contexto, que, combinado ao conhecimento, produz a compreensão. Com isso em mente, recorri a muitas histórias – algumas do tempo em que passei pilotando aviões de caça, algumas do mundo dos negócios e outras que envolveram decisões importantes ao longo da história – para ajudar a ilustrar os diferentes aspectos de um processo de tomada de decisão e suas aplicações.

O conhecimento só é útil na medida em que pode ser utilizado quando necessário. Não importa quão bem as informações possam ser acessadas num ambiente estéril – o importante é poder usá-las no mundo real, onde enfrentamos distrações, incertezas e riscos. A simplicidade e a aplicabilidade devem estar no planejamento de qualquer lição desde o início – não podem ser apenas uma reflexão posterior. Portanto, organizei o livro em três seções: Avaliar, Selecionar e Executar. Essas seções formam os pilares de como tomamos decisões como pilotos de caça por meio de um conceito conhecido como **Hélice ASE**.

A primeira etapa é **Avaliar** o problema. Sem uma avaliação adequada do problema, é impossível tomar boas decisões de forma consistente. Muitas pessoas, infelizmente, pulam essa etapa; ela, no entanto, é a base de uma boa tomada de decisão. Durante a seção Avaliar, vamos analisar uma maneira metódica de decompor os problemas e identificar seus aspectos mais importantes, utilizando conceitos como pontos de virada e leis de potência.

Em seguida, veremos como **Selecionar** o curso de ação correto. Nessa seção, vamos analisar como as decisões com as quais já nos deparamos e que foram bem-sucedidas formam uma rede entrelaçada que constitui nossos instintos. Já para problemas que nunca vimos antes, examinaremos as ferramentas que podemos utilizar para aferir rapidamente o valor das diferentes opções disponíveis. Depois veremos como um conceito chamado *prognóstico rápido* pode nos permitir criar agilmente um modelo mental a partir do qual, com base em nossos instintos preexistentes, nos permite ir além dos limites. Também exploraremos o papel da criatividade no processo de tomada de decisão, e como tanto pessoas quanto organizações podem desenvolver soluções mais criativas, que muitas vezes resultam em ganhos exponenciais de valor.

Por fim, vamos nos concentrar em **Executar**. Discutiremos como priorizar as tarefas que surgem a partir das decisões que tomamos, e como podemos reservar mais espaço mental para nos concentrarmos na decisão seguinte, aquela que inevitavelmente precisaremos tomar. Analisaremos também a mente sob o ponto de vista do desempenho humano e veremos como, apesar de ser a melhor ferramenta do mundo para a tomada de decisão, ela pode ser frágil, propensa a vieses e facilmente perturbada pelas emoções. Entenderemos como é possível ter um nível maior de controle sobre esses fatores e como, mesmo quando não conseguimos chegar a um estado de neutralidade, podemos levá-los em conta durante o processo de tomada de decisão.

Usamos a hélice porque decisões são dinâmicas, e geralmente desencadeiam efeitos de segunda e terceira ordem, ou seja, elas quase nunca terminam no mesmo ponto em que começaram. Por isso, um modelo de decisão precisa se adaptar à medida que as condições vão mudando. Quando representada em um gráfico de linha do tempo, ela forma uma hélice. O formato também está relacionado à forma como lutamos. Em um *dogfight*,* a maioria das aeronaves acaba se aproximando uma da outra em uma espiral, ao passo que cada piloto toma decisões no intuito de se colocar na melhor posição possível para derrotar o adversário. Quando vista de lado, essa movimentação geralmente se parece com uma dupla hélice – como a estrutura do DNA.

O PORQUÊ

Antes de me tornar piloto de caça e aprender essas técnicas, eu tinha dificuldade em tomar boas decisões. Muitas vezes, eu tomava várias boas decisões seguidas e então, aparentemente do nada, fazia uma escolha ruim. Eu não as tomava de forma intencional, e eu não tinha um modelo para compreendê-las. Com milhares de decisões a serem tomadas a cada voo e uma carreira típica, com mais de mil voos, eu percebi que era importante aprender determinadas técnicas até que se tornassem instintivas. Hoje em dia, embora eu ainda cometa erros em todo voo e ainda não tenha feito uma missão perfeita – que chamamos de *sortie* –, a diferença entre minhas decisões boas e ruins é muito menor. Eu sou um piloto de caça muito mais eficiente do que era no começo da minha carreira. O mesmo se aplica às decisões que tomo fora da cabine de comando, na vida cotidiana – quando passei a aplicar os conceitos deste livro, cheguei a um ponto em que a maioria das minhas decisões é simples. Consigo priorizá-las rapidamente e, em seguida, avaliar, selecionar e executar uma decisão antes de passar para a próxima.

Na maioria das vezes, é difícil perceber o impacto que um conjunto de decisões pode causar quando estamos tentando nos entender e o mundo ao nosso redor. As decisões que tomamos estabelecem nossa conexão com o mundo exterior – relacionamentos, trabalho, saúde e finanças são coisas que estão diretamente ligadas às nossas decisões. Todos nós lidamos com as consequências de nossas escolhas; entretanto, poucos param para pensar em

---

* *Dogfight* é um termo usado na aviação a nível internacional para se referir ao combate aéreo entre dois aviões de caça, num espaço de curto alcance. [N. do E.]

como chegaram a elas e como podem melhorar no futuro. Se a maioria das pessoas fizesse isso, acredito que o mundo mudaria – as empresas estariam mais dispostas a inovar, as pessoas seriam mais criteriosas em relação ao conteúdo que consomem, haveria mais segurança financeira, mais disposição para assumir riscos calculados, e assim por diante.

Já existem muitos livros focados principalmente na teoria acadêmica por trás das tomadas de decisão. Este não é um deles. Seu objetivo é, acima de tudo, ser prático e, ao mesmo tempo, divertido – fazendo uso de narrativas para que as lições possam ser lembradas em um, cinco ou dez anos. Minha esperança é que, ao terminar de ler este livro, você seja capaz de mapear deliberadamente a maneira como toma suas decisões. Talvez você acabe fazendo de um jeito diferente, o que não é um problema – a forma como tomamos decisões tem como base nossos pontos fortes e fracos, e muitas vezes varia de acordo com a área em que atuamos e os problemas que estamos resolvendo. A parte mais importante é ser deliberado nas tomadas de decisão e, em seguida, ver o que é possível fazer para melhorá-las. Foi essa iteração que, nos últimos 50 anos, transformou os pilotos de caça dos Estados Unidos na força aérea mais capacitada do mundo – uma força que não perde um soldado americano para uma aeronave inimiga desde 15 de abril de 1953, e que não é derrotado em um combate aéreo há mais de meio século. Agora é a sua vez.

1

AVALIAR

No dia 31 de maio de 2009, o voo 447 da Air France decolou do Aeroporto Internacional do Galeão, no Rio de Janeiro, Brasil, com destino ao Aeroporto Charles de Gaulle, em Paris, França. A aeronave se ateve ao horário de partida previsto, às 19h30, e iniciou sua subida no céu escuro. A bordo da aeronave havia 216 passageiros – 208 adultos, oito crianças e um bebê. Nove comissários de bordo e três pilotos trabalhavam na equipe, e, juntos, somavam mais de 20 mil horas de voo.

O avião era um Airbus A330, um bimotor que ainda é considerado um dos mais avançados da aviação nos dias de hoje. Seu sistema digital *fly-by--wire* [sistema de controle por cabo elétrico] e seus computadores de voo possuem um sofisticado sistema de proteção de limites de voo, que faz com que o avião tenha menos chance de entrar em estado de estol, perdendo sua sustentação, ou ultrapasse os limites estruturais. Na cabine de comando, o tradicional manche de direção e os indicadores mecânicos foram substituídos por um elegante *side-stick* e seis telas grandes que mostram informações aos pilotos. Embora a aeronave tenha sido projetada para ser conduzida por dois pilotos, havia três pilotos no 447 para que eles pudessem descansar no voo transatlântico com duração prevista de 11 horas.

À medida que a aeronave subia e, por fim, se nivelava, tudo parecia transcorrer sem problemas. Nas horas seguintes, a aeronave continuou a voar ao longo da costa brasileira, e, em seguida, pelo Oceano Atlântico. Ao cruzar a linha do Equador, o avião entrou na zona de convergência intertropical, uma área em que o ar dos hemisférios sul e norte convergem, geralmente formando uma barreira de tempestades. Naquela noite não foi diferente – houve relatos de tempestades na área, mas o clima rotineiro não atrapalhara uma dúzia de outros voos que haviam feito rotas semelhantes às do voo 447.

Enquanto a aeronave seguia sobre o Atlântico, os controladores de tráfego aéreo brasileiros perderam contato com o voo, uma ocorrência que não é tão incomum quando os aviões atravessam o oceano. A questão foi que o outro centro de controle, localizado ao longo da costa africana, também não conseguiu contato com eles. Mas, como o desaparecimento de um avião moderno seria inimaginável, eles deram à aeronave um "plano de voo virtual", que simulava a trajetória de voo prevista do avião. Nas próximas horas, a aeronave simulada voou ao longo de sua rota prescrita, como estava programada para fazer. Foi somente na manhã seguinte que a preocupação com o paradeiro da aeronave aumentou, a ponto de a Air France finalmente alertar as autoridades, que deram início a uma busca aérea de ambos os lados do Atlântico.

Os aviões de patrulha encontraram os destroços da aeronave a 1.200 quilômetros do litoral brasileiro em menos de um dia. Na semana seguinte, uma equipe de mais de mil pessoas foi mobilizada para as buscas, incluindo dezenas de aeronaves e navios. Duzentos e sessenta mil quilômetros quadrados de oceano foram vasculhados, mas apenas corpos e destroços foram encontrados. Estava claro que todos os passageiros do voo haviam morrido, mas a questão era *por quê*.

A resposta provavelmente teria sido obtida por meio do gravador de voz da cabine de comando e do gravador de dados de voo, também conhecidos como caixas-pretas, que agora estavam no fundo do oceano. O problema foi que o voo 447 havia caído num local cuja profundidade era de *3 mil* metros. Para complicar ainda mais a situação, o terreno era acidentado: Como disse um especialista, "trata-se de uma cadeia de montanhas tão grande quanto os Alpes. Sempre há a possibilidade de que os destroços da aeronave desapareçam em uma fenda. O fundo desse tipo de ambiente não é plano".

Inicialmente, um navio especializado, equipado com minissubmarinos, foi enviado para encontrar os destroços. O tempo era crucial – cada caixa-

-preta tinha um sinalizador subaquático com uma bateria de apenas 30 dias de duração, e, quando o sinal delas parava de ser transmitido, as chances de encontrá-las diminuíam de forma drástica. A Marinha dos Estados Unidos emprestou hidrofones rebocáveis para ajudar nas buscas. Um submarino nuclear francês também se juntou à busca.

Entretanto, já no fim de julho, quase dois meses haviam se passado, acabando com qualquer esperança de encontrar as caixas-pretas por meio de seus sinalizadores. A busca passou para a fase seguinte, com a utilização de conjuntos de sonares rebocados a fim de mapear o fundo do oceano e, com sorte, encontrar os destroços junto com as cruciais caixas-pretas. Nesse meio-tempo, na Europa, uma força-tarefa havia sido criada com o objetivo de entender o que havia provocado a queda da aeronave. Até o momento, eles só haviam concluído que:

1. Havia mau tempo ao longo da rota de voo planejada do avião.

2. Os sistemas de bordo da aeronave tinham enviado diversas mensagens automáticas informando que havia uma divergência nas leituras da velocidade no ar durante os últimos minutos do voo.

3. Com base nos destroços encontrados, a aeronave não se desintegrou durante o voo, e sim atingiu o oceano de maneira um tanto incomum – tinha uma atitude de voo normal, mas com uma alta razão de descida, quase como se tivesse caído de barriga.

Esses fatos descartaram as teorias iniciais, como a explosão de uma bomba ou uma turbulência extrema que teria arrancado as asas. O mais provável era que o mau tempo tivesse causado um congelamento nos tubos de Pitot do avião – dispositivos que medem a velocidade da aeronave –, que por sua vez acionaram as transmissões automáticas sobre as velocidades inconsistentes. Isso, por si só, não seria suficiente para derrubar um avião. Na verdade, houve quinze incidentes semelhantes, *apenas no ano anterior*, em toda a frota do Airbus A330 da Air France. Em nenhum desses casos os pilotos tiveram problemas para voar nessas condições. A velocidade em relação ao ar indicada não influencia nas condições de voo de uma aeronave

– assim como um velocímetro quebrado em um carro, os pilotos poderiam simplesmente desconsiderá-lo até que o gelo derretesse e ele voltasse a funcionar. No caso do voo 447 da Air France, os investigadores trabalharam na teoria de que o gelo pode ter desencadeado uma série catastrófica de eventos, que acabou resultando na perda de controle do avião pela tripulação. Nos dois anos seguintes, os investigadores não conseguiram descobrir muito mais para recriar o acidente sem as caixas-pretas. Alterações foram feitas para evitar que os tubos de Pitot congelassem, e a transferência entre os centros de controle de tráfego aéreo foi atualizada para evitar um atraso semelhante caso outra aeronave desaparecesse. Entretanto, apenas em abril de 2011, quando a operação de resgate já estava em sua quarta tentativa, os destroços foram finalmente encontrados. Por meio de veículos subaquáticos autônomos, equipados com sonares de varredura lateral, um campo de destroços foi encontrado em uma área sedimentada do fundo do oceano, a quase 4 mil metros de profundidade.

Em um mês, as caixas-pretas foram encontradas e retiradas do fundo do oceano. Em seguida, foram levadas pela Marinha Francesa para o porto de Caiena, sob sigilo judicial, e rapidamente transportadas de avião para Paris para terem seus materiais baixados e analisados. O que os investigadores descobriram chocou o mundo da aviação, e viria a servir como uma *master class* sobre tomada de decisão para futuras gerações de pilotos.

STAND-UPS

Durante o treinamento de pilotos da Força Aérea dos Estados Unidos, os alunos passam pelo que chamamos de *stand-up* todas as manhãs. Todos eles se sentam em semicírculo numa sala de aula, enquanto um instrutor fica na frente. Um aluno é selecionado aleatoriamente para ficar no meio da sala e simular uma emergência. O clima é deliberadamente tenso, para reproduzir um pouco do medo e da adrenalina que podem ser experimentados numa emergência real no ar. Se a pessoa selecionada não lidar bem com a emergência, ela é instruída a se sentar e outra assume a tarefa. O desempenho é documentado os mínimos detalhes, e isso é levado em conta para o tipo

AVALIAR | **27**

de aeronave que eles vão receber no fim do treinamento de pilotos. Para aumentar ainda mais a pressão, toda a turma pode ser prejudicada se um aluno tiver um desempenho ruim.

Como é de imaginar, os alunos não gostam dos *stand-ups* – eu pelo menos não gostava. Quando meu nome era chamado, eu respirava fundo, me preparava mentalmente e ia até o meio da sala de aula. E então eu dizia a frase que todos nós tínhamos de repetir antes de começar: "Vou manter o controle da aeronave, analisar a situação, tomar as devidas medidas e pousar assim que as condições permitirem." Em seguida, eu falava sobre cada acionamento de interruptor e chamada de rádio como se estivesse realmente pilotando a aeronave.

O que estávamos praticando era uma estrutura para tomadas de decisão que havia sido desenvolvida ao longo de quase um século de aviação, na qual uma escolha errada podia resultar na morte de uma ou mais pessoas. Embora não fosse nem um pouco divertido, aquilo nos permitia praticar de maneira deliberada a resolução de problemas complexos sob pressão.

Diferentemente da maioria dos meus testes na escola, ali não existia uma única solução para cada problema. Os *stand-ups* exigiam pensamento divergente, em que cada decisão continha múltiplas respostas corretas, e cabia aos alunos entender o efeito cascata das consequências de segunda e terceira ordem. Uma decisão precipitada e aparentemente banal poderia levar a um problema sem solução quinze minutos depois. Para muitos alunos – mesmo aqueles que haviam se formado como os melhores da turma na faculdade ou na Academia da Força Aérea – isso se mostrou excepcionalmente difícil. Suas mentes haviam sido moldadas no mundo acadêmico, e eles tinham dificuldade em pensar rápido e encontrar soluções para problemas imprevisíveis.

Eu me lembro de um aluno que anotou meticulosamente todos os problemas possíveis e imagináveis, e as soluções para eles, preenchendo vários cadernos nesse processo. No início do curso, quando os problemas eram simples, ele conseguia consultar seus cadernos e resolver rapidamente a emergência. No entanto, no meio do treinamento, conforme os problemas iam aumentando de complexidade, muitas vezes incluindo várias emergências ao mesmo tempo, seu método passou a ser um obstáculo. Não

28 | A ARTE DE PENSAR COM CLAREZA

havia flexibilidade naquilo e, ao se deparar com problemas que fugiam do que era esperado, ele não conseguia se adaptar e cedia à pressão. Por fim, a situação chegou a um ponto em que ele não conseguia mais lidar com uma emergência de maneira segura e foi eliminado do treinamento.

No entanto, antes mesmo de começarmos a fazer os *stand-ups*, os instrutores já haviam nos dado as chaves para o sucesso. Na verdade, elas podiam ser encontradas na frase inicial que tínhamos de repetir toda vez que nosso nome era chamado: "Vou manter o controle da aeronave e depois analisar a situação." *Manter o controle da aeronave* significava que, mesmo durante uma emergência, ainda era preciso pilotar o avião. Em uma aeronave de um único assento, você não tem o luxo de se desligar e concentrar toda a sua atenção no problema em questão. Você precisa dividir seus recursos mentais entre o mau funcionamento da aeronave e o voo.

A etapa seguinte era analisar a situação. Desenvolver uma compreensão adequada do problema é o primeiro passo para resolvê-lo. Geralmente, nosso instinto é ignorar essa etapa crucial e começar a agir. Trata-se de um viés cognitivo de muitas pessoas e organizações, por meio do qual acreditamos que, quanto antes começarmos a consertar um problema, logo vamos resolvê-lo. É um instinto tão forte que, quando aprendemos a pilotar o F-16, uma técnica pouco ortodoxa é ensinada aos novos pilotos para evitar que eles pulem essa etapa importante.

Na cabine do F-16, há um minúsculo relógio analógico, embutido no canto inferior direito do console, um resquício da época em que ele foi projetado, na década de 1970. Quase todas as outras partes do caça foram atualizadas e substituídas ao longo dos anos, mas o pequeno relógio de corda manual permanece ali. Embora ninguém o utilize para marcar o tempo, os instrutores experientes diziam: "Antes de tomar uma decisão, dê corda no relógio." Era um processo aparentemente inútil; no entanto, evitava o impulso inicial das pessoas de se apressarem para resolver o problema. Dar corda no relógio ocupava a atenção do piloto por apenas alguns segundos e o impedia fisicamente de mexer em outra coisa. Isso forçava o cérebro a passar algum tempo avaliando a situação antes de agir, permitindo que eles tomassem decisões muito melhores.

OS MINUTOS FINAIS

Dentro das caixas-pretas do voo 447 da Air France, as gravações mostraram que as primeiras horas do voo foram tranquilas. O comandante, Marc Dubois, e o copiloto, Pierre-Cédric Bonin, cuidaram das operações de rotina do voo e tiveram tempo para conversar sobre sua vida pessoal. Com 58 anos, Dubois era muito experiente, tinha quase 11 mil horas de voo, e em metade dessas horas ele havia desempenhado a função de comandante da aeronave. Nas gravações de voz da cabine de comando, seu comportamento se destaca – ele é calmo e atencioso, um mentor para a tripulação, sempre orientando-a sobre como ele toma suas decisões.

Seu copiloto Bonin, no entanto, era inexperiente e, aos 32 anos, é conhecido como o "caçula da empresa". Bonin estava viajando com sua esposa, passageira a bordo da aeronave. Antes da viagem, os dois haviam deixado os dois filhos na casa dos avós para que pudessem aproveitar o fim de semana prolongado do feriado. Nas gravações de voz, a inexperiência de Bonin é evidente, pois ele parece apreensivo e inseguro em suas decisões, mesmo durante tarefas rotineiras.

Também a bordo da aeronave estava outro copiloto, David Robert, que passou as primeiras horas dormindo no compartimento de descanso do piloto, que fica logo atrás da cabine de comando. Ele também era um piloto experiente, com mais de 6.500 horas de voo, formado na École Nationale de l'Aviation Civile, a escola de aviação mais prestigiada da França. Embora Robert fosse muito experiente, ele tinha acabado de mudar para um cargo de gerência no centro de operações da companhia aérea, e voava apenas de vez em quando para manter seu status de piloto.

Após três horas e meia de operações de rotina, a aeronave chegou aos arredores das tempestades que ficam ao longo da zona de convergência intertropical, e começou a passar pelas nuvens da camada superior. Usualmente, a tripulação teria voado por cima do clima turbulento; no entanto, como a temperatura do ar externo estava mais alta do que o normal, e a aeronave estava muito pesada por conta do combustível necessário para o voo transatlântico, eles só conseguiram subir até 35 mil pés, o que os forçou a atravessar aquelas condições meteorológicas em vez de evitá-las. A turbulência começou a aumentar, dando início a um fenômeno conhecido como fogo de santelmo, no qual a carga elétrica da tempestade provoca lampejos fluorescentes, azuis e violetas nas janelas da cabine. Bonin nunca tinha visto esse fenômeno e, na gravação, parece fascinado e preocupado. Ele ressalta que a aeronave poderia subir um pouco mais se eles quisessem, um pedido sutil ao comandante. Dubois, no entanto, já havia visto condições semelhantes a essa algumas centenas de vezes. Sem se abalar, ele continua a rota de voo enquanto liga para seu substituto, para poder fazer sua pausa programada para dormir. Logo, o copiloto Robert entra na cabine de comando e troca de lugar com o comandante. Estranhamente, apesar de Robert ser muito mais experiente do que Bonin e ter o dobro de suas horas de voo, o comandante deixa Bonin como responsável da aeronave.

Depois que o comandante sai, Robert e Bonin começam a conversar sobre o clima. Ao contrário de outras aeronaves na área, eles não haviam solicitado um desvio para contornar as células de tempestade. Ao observar o radar meteorológico da aeronave, percebem que estão prestes a passar por uma célula e ligam para os comissários de bordo.

> **BONIN:** Escuta, em dois minutos nós vamos entrar em uma área onde as coisas vão ficar um pouco mais agitadas do que agora. É melhor tomar cuidado.
>
> **COMISSÁRIO DE BORDO:** Certo, devemos nos sentar, então?
>
> **BONIN:** Acho que não é uma má ideia...

A inexperiência de Bonin é evidente – ele viu o radar meteorológico e a maior consciência situacional da tempestade. O comissário de bordo está pedindo orientação, mas Bonin ainda parece estar preso a uma mentalidade de copiloto júnior, adiando suas decisões mesmo na atual condição de piloto no comando da aeronave.

Os dois copilotos discutem a temperatura externa excepcionalmente elevada que os impede de subir até a altitude desejada. Bonin se sente aliviado por estarem voando em um Airbus A330, dizendo: "Caramba, graças a Deus estamos em um A330, não é?" Ao que Robert responde com tranquilidade: "Graças a Deus, mesmo".

Ainda voando entre as nuvens, Bonin fica preocupado com o acúmulo de gelo nas asas e diz: "Vamos acionar o sistema antigelo, é melhor do que nada". E completa com: "Parece que estamos no final da camada de nuvem. Vai ficar tudo bem".

Observe essas três últimas declarações de Bonin; todas elas são uma tentativa de se convencer de que tudo vai dar certo. Também na gravação, fica claro que a voz de Bonin está mais aguda que antes, e que ele está falando mais rápido também. Se pudéssemos medir sua frequência cardíaca e respiração, elas provavelmente estariam aceleradas. Ele está com medo. Já passei por isso: você sente o peso da responsabilidade nos ombros e não sabe muito bem o que fazer. Tenta se acalmar dizendo coisas como: "Vai ficar tudo bem." E, ao mesmo tempo, procura conforto em afirmações como: "Graças a Deus, estamos em um A330, certo?" A esposa de Bonin também estava a bordo do avião, o que provavelmente só aumentou seu estresse.

Logo em seguida, Robert nota que o sistema de radar não tinha sido ajustado para o modo correto. Ele altera as configurações e percebe que eles estão indo direto para uma área de intensa atividade.

ROBERT: Você pode puxar um pouco para a esquerda.

BONIN: Desculpe, o quê?

ROBERT: Você pode puxar um pouco para a esquerda. Concordamos em ficar no modo manual, não é?

Bonin começa a inclinar o avião para a esquerda quando, de repente, um cheiro de carga elétrica inunda a cabine de comando e ao mesmo tempo a temperatura aumenta.

BONIN: Nossa, você mexeu no ar-condicionado?

ROBERT: Não.

BONIN: Que cheiro é esse?

Robert, que já fez viagens semelhantes, reconhece o cheiro de ozônio, um subproduto das tempestades elétricas pelas quais eles estão passando.

BONIN: Isso é ozônio? Temos certeza?

ROBERT: É por isso que...

BONIN: É, já estou sentindo que está muito mais quente aqui!

ROBERT: É aquilo ali, é quente e tem cheiro de ozônio. [Presumivelmente apontando para as células de tempestade que aparecem em seu radar meteorológico].

Então, começa a chover granizo – é o ar tropical úmido sendo sugado do oceano e rapidamente congelando em grande altitude. Na gravação, é possível ouvir um ruído branco crepitante, como unhas batendo em metal à medida que os minúsculos grãos de gelo colidem com a aeronave. Nesse momento, Bonin está nitidamente ainda mais desconfortável – apesar de ser o piloto no comando, ele continua recorrendo a Robert para saber o que devem fazer.

Para minimizar a tensão estrutural da aeronave, os copilotos reduzem a velocidade e, para proteger os motores contra a formação de gelo, ligam o sistema de proteção antigelo do motor. Embora o granizo seja muito pequeno para representar uma ameaça à estrutura da aeronave, seu tamanho reduzido pode fazer com que ele se acumule no interior dos tubos de Pitot.

Os tubos de Pitot são responsáveis por medir a velocidade da aeronave. Essas sondas minúsculas ficam na parte dianteira do avião e medem a pressão do vento contra elas. Essa pressão é então traduzida numa velocidade em relação ao ar, que é mostrada aos pilotos e alimenta os avançados computadores de controle de voo da aeronave. Por garantia, o Airbus A330 tem três tubos de Pitot. Infelizmente, no voo 447, os três ficaram bloqueados quase ao mesmo tempo.

Sem uma velocidade em relação ao ar válida para controlar o avião, o piloto automático ficou confuso e desligou, entregando imediatamente o controle total da aeronave aos pilotos. No entanto, é importante deixar claro que a aeronave ainda não tinha sofrido nenhum defeito mecânico –

ela estava nivelada a 35 mil pés e, com exceção da perda da indicação da velocidade em relação ao ar, continuava a voar normalmente. Se Bonin e Robert não tivessem feito nada, o avião teria continuado a voar para seu destino. Em poucos minutos, o sistema de aquecimento do tubo de Pitot teria derretido os bloqueios e a viagem teria continuado como planejado.

Nas gravações, assim que o piloto automático é desligado, um alarme soa junto a uma luz de advertência principal que começa a piscar, indicando que o avião está agora sob controle manual. Bonin então diz: "Eu estou com os controles", reafirmando que ele está no comando e pilotando, e que Robert é o copiloto que lhe dará assistência.

AVALIE O PROBLEMA

Este é o momento da verdade. O avião está funcionando quase perfeitamente, enquanto Bonin tenta entender por que o piloto automático acabou de se desconectar. Se poucos minutos antes, quando o piloto automático estava funcionando, ele estava com medo, agora ele provavelmente está apavorado. O que deveria ter sido feito é o que se chama de *verificação cruzada*, por meio da qual ele poderia comparar o indicador de velocidade em relação ao ar com as leituras de outros instrumentos na cabine de comando, como a velocidade relativa ao solo, altitude, atitude de voo e razão de subida. Isso teria lhe dado a chance de perceber que apenas o indicador de velocidade em relação ao ar não estava funcionando, permitindo que ele o desconsiderasse temporariamente enquanto voava com os outros instrumentos.

Bonin, no entanto, age. Ele não avalia a situação e puxa instantaneamente o manche para trás, colocando a aeronave numa subida acentuada. É uma decisão irracional; minutos antes, ele estava falando que o avião não podia subir mais por causa da alta temperatura externa. Mas, à medida que o estresse aumenta, nosso QI diminui, e muitas vezes tomamos decisões erradas. Bonin piorou muito a situação.

Um aviso sonoro começa a soar, alertando os pilotos de que a aeronave saiu da altitude programada. Enquanto Bonin continua a puxar o manche para trás, a aeronave inicia uma subida vertiginosa de sete mil pés por minuto. No ar rarefeito em elevada altitude, isso é insustentável. A aeronave começa a perder velocidade rapidamente.

> **BONIN:** Não tem nenhum... não tem nenhum indicador bom de velocidade.

> **ROBERT:** Perdemos a velocidade, então? Preste atenção na velocidade. Acompanhe a velocidade.

> **BONIN:** Ok, Ok, estou descendo.

Robert está numa situação difícil. Ele é experiente, mas está enferrujado, pois só voa de vez em quando. Essa é uma das situações mais perigosas para um piloto – sua confiança geralmente não corresponde à sua capacidade. Ele também está no ponto mais baixo de seu ritmo circadiano, e provavelmente está cansado. O mais importante é que, apesar de ser muito mais experiente, ele foi relegado a uma função de reserva. Para agravar a situação, os controles de voo do Airbus, diferentemente das aeronaves mais antigas, não foram projetados para mostrar a um piloto o que o outro estava fazendo com o *side-stick*.

> **ROBERT:** Vamos descer... Aqui diz que estamos subindo... Diz que estamos subindo, então você precisa descer.

> **BONIN:** Está bem.

> **ROBERT:** Você está... Desce esse avião!

> **BONIN:** Nós estamos... Sim, estamos em uma subida.

Robert entende a situação: A aeronave está em uma subida íngreme, e a maior ameaça é o estol, quando a velocidade da aeronave diminui até o ponto em que ela não consegue gerar sustentação suficiente e começa a cair. Isso não deveria nem mesmo ser possível de acontecer no Airbus A330. Os engenheiros o projetaram para que os pilotos não pudessem colocar a aeronave numa situação de perigo. A empresa havia anunciado seu sistema dizendo: "O *Fly-By-Wire* oferece melhor manuseio e uniformidade em toda a família Airbus, além de um sistema de proteção do envelope de voo para que os pilotos possam levar as aeronaves aos seus limites sem nunca os ultrapassar."

Para azar do voo 447, quando os computadores de voo reconheceram que estavam recebendo informações erradas dos tubos de Pitot, o sistema entrou num modo de *backup*, desligando o sistema de proteção do envelope de voo.

Em menos de um minuto, com a velocidade em relação ao ar diminuindo cada vez mais rápido, a aeronave entra em estol. Um alarme é disparado junto com as luzes de advertência principais, e uma voz sintetizada diz: "Estol, estol!" Devido ao turbulento fluxo de ar sobre as asas, o avião começa a trepidar. Percebendo a urgência da situação, Robert liga para o comandante e pede que volte imediatamente para a cabine de comando.

Embora o voo 447 tenha entrado em estol, eles ainda estão em uma situação remediável. Com 38 mil pés de altitude, eles têm tempo suficiente para empurrar o manche para a frente, recuperar a velocidade e continuar o voo. Até o estol, Robert parecia estar participando do problema; no entanto, por causa do *side-stick* – em vez do manche conectado dos aviões mais antigos –, ele não sabe que Bonin estava mantendo o manche para trás o tempo todo. Ele suspeita que há formação de gelo nas asas e ativa o sistema antigelo.

Durante a confusão, um dos tubos de Pitot começa a funcionar novamente, fornecendo informações conflitantes sobre a velocidade real da aeronave. Robert, então, passa um tempo ajustando os aviônicos para uma configuração de *stand by*, na esperança de isolar o problema e recuperar uma imagem precisa da condição do avião. Isso, no entanto, piora a situação, pois o tubo de Pitot reserva ainda está bloqueado. Depois de passar algum tempo concentrado em mexer nos aviônicos, Robert começa a perder a consciência situacional. Quando termina e volta sua atenção para a condução da aeronave, ele está tão confuso quanto Bonin. A essa altura, o avião está caindo a mais de 1,6 quilômetro por minuto.

> **ROBERT:** Ainda temos o controle do motor! Que diabos está acontecendo? Não estou entendendo o que está acontecendo. Você está entendendo o que está acontecendo ou não?

BONIN: Droga, eu perdi o controle do avião. Não tenho controle nenhum do avião!

ROBERT: Assento esquerdo assumindo o controle!

Robert assume o controle e começa a compensar a inclinação; no entanto, ele também parece não estar ciente do fato de que o avião está estolado, e puxa o manche ligeiramente para trás. Porém Bonin, inadvertidamente, viola uma regra básica da pilotagem e começa a puxar o manche para trás com força máxima, continuando a estolar a aeronave e confundindo Robert ainda mais.

A esta altura, o avião está caindo a mais de dez mil pés por minuto, mas como Bonin mantém o manche puxado para trás, o nariz do avião segue apontado para cima como se estivesse subindo, como uma folha que cai de uma árvore. Com o sistema antigelo ativado, os tubos de Pitot derretem rapidamente o gelo e se tornam totalmente funcionais, revelando uma velocidade precisa de menos de 100 km/h. Essa era uma situação que os engenheiros nunca haviam previsto. Os computadores de bordo agora estão tão confusos quanto os pilotos, que, suspeitando de uma falha no código, desligam o aviso de estol, sinalizando aos pilotos que a situação está melhorando.

Um minuto e meio após o início da crise, o comandante Dubois retorna à cabine de comando, mas era provável que ele tivesse acabado de acordar.

DUBOIS: Que merda vocês estão fazendo?

BONIN: Perdemos o controle do avião!

ROBERT: Perdemos totalmente o controle do avião... Não estamos entendendo nada... Já tentamos de tudo! O que devemos fazer?

DUBOIS: Bom, eu não sei.

O comandante está numa situação ainda mais difícil do que a de Robert. Poucos minutos antes, ele estava dormindo quando a aeronave começou

AVALIAR | **37**

a ficar instável e depois estolou. Então recebe uma ligação dos copilotos e se dirige à cabine de comando no mesmo instante. Lá, ele se depara com o console de instrumentos iluminado com luzes mestras de advertência e alerta, além de seus dois copilotos gritando que perderam o controle da aeronave. Devido às intensas oscilações, ele opta por não trocar de lugar com um dos copilotos e decide sentar-se no assento auxiliar atrás deles para tentar resolver a situação.

Bonin então move os manetes do motor para a marcha lenta, o oposto do que deveria ter sido feito. À medida que o empuxo diminui, o nariz afunda em um mergulho. A aeronave agora está caindo a uma velocidade extrema de 13 mil pés por minuto. Ele então aciona os freios de ar, agravando ainda mais a situação.

> **BONIN:** Tenho a impressão de que estamos voando a uma velocidade incrivelmente alta, certo? O que você acha?
>
> **ROBERT:** Não, faça qualquer coisa, mas não aumente!

Robert empurra as alavancas do motor totalmente para a frente, e os motores começam a produzir o máximo de empuxo. Os pilotos então discutem a situação e procuram o motivo de terem perdido o controle. Bonin parece ser o mais confuso, perguntando em determinado momento se eles estão realmente caindo. Enquanto isso, a aeronave continua caindo, e agora está apenas 10 mil pés acima do oceano. Em desespero, Robert começa a falar diretamente com a aeronave, dizendo: "Sobe, sobe, sobe, sobe." Ao ouvir isso, Bonin diz: "Mas eu tenho mantido o nariz para cima o máximo possível há algum tempo."

Por um momento, a cabine de comando fica em silêncio. *Essa* é a informação crucial que Robert e o capitão Dubois não tinha entendido.

Até aquele momento, eles não faziam ideia de que Bonin estava mantendo o manche para trás o tempo todo e, portanto, causando o estol da aeronave.

> **DUBOIS:** Não, não, não! Não suba! Não, não, não!

ROBERT: Desça!

Robert então empurra seu manche para a frente, tentando interromper o estol. Bonin, no entanto, ainda está puxando o manche para trás. A aeronave reconhece isso e ativa um aviso, informando aos pilotos que ambos estão tentando controlar o avião.

ROBERT: Passa os controles – passa os controles para mim!

BONIN: Vai em frente, você está com os controles...

Finalmente, a aeronave se inclina para baixo e sua velocidade começa a aumentar. Eles agora estão a apenas cinco mil pés acima do oceano – ainda é possível recuperar a aeronave, mas a margem para erro é quase nula nesse momento. Bonin, no entanto, ainda está em pânico e, em dez segundos, começa a puxar o manche novamente para trás.

A dois mil pés, o sistema de alerta de proximidade do solo da aeronave é acionado, ativando uma voz sintética que diz: "Suba! Suba!" Sem nenhuma esperança de recuperação, o comandante diz para eles subirem para reduzir a força do impacto.

DUBOIS: Vai, sobe.

BONIN: Vamos bater! Não pode ser verdade! Mas o que está acontecendo?

ROBERT: Ferrou, a gente vai morrer.

DUBOIS: Dez graus de inclinação...

Um vírgula quatro segundos depois, a aeronave se chocou com a água, de barriga, a 198 quilômetros por hora. A colisão, 51 vezes maior que a força da gravidade, despedaçou o avião antes mesmo de afundar no oceano. Todos os 228 passageiros e tripulantes morreram no impacto devido ao trauma extremo. Do início ao fim, tudo durou menos de cinco minutos.

ANÁLISE

Eu já perdi a conta de quantas vezes analisei o acidente e ouvi a gravação e, a cada vez, fico surpreso com o efeito arrepiante dessas últimas palavras. Como um voo de rotina deu tão errado tão rápido?

Há dezenas de fatores que contribuíram para que a aeronave caísse; no entanto, a causa principal é que nenhum dos pilotos tinha um modelo mental correto do que estava acontecendo até que fosse tarde demais. Bonin esqueceu – ou nunca aprendeu – o primeiro passo para se tomar uma decisão: **Avaliar** o problema.

É óbvio que ele estava assustado nos momentos que antecederam a desconexão do piloto automático, e provavelmente ficou mais ainda depois. Não avaliou o problema e agiu sem pensar, puxando o manche todo para trás, uma ação descabida num avião cheio de passageiros voando a 35 mil pés de altitude numa atmosfera rarefeita. Um avião moderno é relativamente fácil de pilotar – os engenheiros o projetaram para que ele voe em linha reta e nivelado. Quando Bonin puxou o manche para trás tornou a situação instável, e era apenas uma questão de tempo até que o avião entrasse em estol.

Robert, o copiloto mais experiente, nunca teve a oportunidade de analisar uma aeronave estável. Em vez disso, foi empurrado para uma situação dinâmica. Apesar dessa desvantagem, ele ainda estava inacreditavelmente perto de entender o problema em vários momentos do estol. No entanto, toda vez que progredia, Bonin tentava algo diferente, dificultando ainda mais sua compreensão da situação.

Em retrospecto, o comandante não devia ter entregado a aeronave a um copiloto inexperiente antes de entrar na tempestade. Quando o fez, ele abriu mão de sua consciência situacional e se tornou um passageiro. Momentos antes de o piloto automático se desconectar, ele estava no compartimento de descanso do piloto, provavelmente dormindo. Ao correr de volta para a cabine de comando ainda sonolento, ele se deparou com uma cena caótica, com o avião caindo a mais de 13 mil pés por minuto e dois copilotos desesperados. O comandante Dubois nunca teve a chance de construir um modelo mental preciso da situação até os segundos finais, quando Bonin lhe disse que ele estava deixando o manche para trás o tempo todo. E então era tarde demais.

A aviação é uma atividade de alto risco em que o resultado de uma única decisão ruim pode ser catastrófico. É uma profissão em que sempre há muito risco envolvido. Como diz o ditado, maus pilotos não envelhecem porque os erros geralmente são fatais. É por isso que existe essa preocupação voltada para a tomada de decisão, sempre sob a perspectiva da pergunta: "Essa é uma ação possível?" As teorias acadêmicas não são suficientes – o treinamento só é útil se puder ser aplicado no mundo real.

Quando eu fico sabendo que um piloto sofreu um acidente – mesmo que a falha tenha sido totalmente dele – meu primeiro pensamento é de empatia com o piloto e sua família, e uma antiga citação me vem à mente:

> Sempre que falamos de um piloto que morreu em um acidente aéreo, devemos ter uma coisa em mente: ele usou a soma de todo o seu conhecimento e tomou uma decisão. Acreditava tanto nessa decisão que, conscientemente, apostou sua vida nela. O fato de ter falhado em sua decisão é trágico... Todos os instrutores, supervisores e colegas que conviveram com ele acabaram influenciando sua decisão de alguma forma, por isso um pouco de todos nós se vai com cada piloto que perdemos.
>
> – Anônimo

As decisões que tomamos moldam as conexões que temos com o mundo ao nosso redor. Só depois de uma primeira avaliação do problema, somos capazes de entender a situação o suficiente a ponto de tomar uma decisão certa, sem a menor sombra de dúvida. Ao pilotar um caça, nós fazemos uma verificação cruzada para estruturar nossa avaliação. Todos os nossos sentidos contribuem para o modelo. O que os instrumentos estão indicando? O que está acontecendo do lado de fora da aeronave? Que tipo de vibrações podem ser sentidas? Como a força-g está variando? Quais chamadas de rádio ou alarmes você escuta? Há cheiro de fumaça ou de gases? No meio de todos os dados estão as informações necessárias para resolver o problema em questão.

AVALIAR   41

Em vez de tentar realizar várias tarefas ao mesmo tempo – algo em que os seres humanos são notoriamente ruins –, gastaremos de uma fração de segundo a vários segundos para entender cada informação antes de passar para a seguinte. O segredo é não focar somente em apenas uma fonte de dados em detrimento das demais – algo que chamamos de *entalar no canudinho*. Quando isso acontece, o piloto logo perde a visão do quadro geral e não consegue ver como suas ações se encaixam dentro do sistema maior em que está operando.

A capacidade de entender um ambiente caótico e, ao mesmo tempo, simplificar e estruturar as informações não se aplica apenas à aviação, é também uma habilidade fundamental, necessária para navegar em nosso mundo cada vez mais complexo. Estamos saturados com centenas de vezes mais informações do que as gerações anteriores. É preciso que haja uma maneira de se filtrar rapidamente o ruído para entender as partes principais de um sistema, de modo que possamos criar um impacto maior do que o esperado, considerando nosso tempo e nossos recursos. Isso requer discernimento, e o discernimento requer pensamento não linear.

2

LEIS DE POTÊNCIA

No momento em que passava a mais de 1.600 km/h pelo F-16 oponente, eu pude ver por uma fração de segundo o outro piloto na cabine dele passando rapidamente por mim na direção oposta. Seu traje de voo verde se misturava ao visor metálico enquanto ele seguia no encalço da minha aeronave. No meu F-16, comecei a fazer uma curva fechada em direção a ele ao mesmo tempo que empurrava o acelerador até o máximo da pós-combustão.

Essa foi uma das minhas primeiras missões de treinamento de caça no céu do deserto do Arizona. Após a conclusão da graduação para piloto, eu voei com o caça que sempre quis, o lendário F-16 Fighting Falcon, conhecido pelos pilotos de caça simplesmente como Viper. Depois de meses de estudos acadêmicos e simuladores, estávamos enfim nas primeiras etapas da transição de pilotos para pilotos de caça. Aprenderíamos a alcançar o máximo desempenho da aeronave e, ao mesmo tempo, equilibrar o risco e a recompensa contra um adversário inteligente. Se fôssemos excessivamente cautelosos, o inimigo usaria essa margem excessiva de segurança contra nós em sua estratégia; no entanto, se nos arriscássemos demais, poderíamos colocar a nós mesmos e aos outros numa posição desnecessariamente perigosa. Era uma linha tênue que nós, como novos pilotos de caça, estávamos aprendendo a navegar.

Na missão daquele dia, eu iria lutar contra um dos pilotos-instrutores mais experientes da base – um coronel gabaritado que supervisionava toda a reserva, composta por mais de 2 mil funcionários. Ele participou de várias missões de combate e, durante os primeiros dias da Guerra do Iraque, impediu que um grupo de soldados americanos fosse capturado pelo inimigo. Era o piloto que todos nós, tenentes novatos, almejávamos ser.

Quando nossas aeronaves se cruzaram, eu virei de cabeça para baixo e puxei o manche para trás. As superfícies de controle gigantescas do meu F-16 se enterraram na corrente de ar à medida que a força-g aumentava rapidamente. No chão, meu peso era de 90 kg, 104 kg com meu equipamento. Se você já andou numa montanha-russa que tinha um *looping* que sua cabeça parece estar sendo empurrada para baixo, essa pressão equivale a cerca de 3 g. Em um segundo, eu estava sob nove vezes a força da gravidade, com quase uma tonelada de força me esmagando contra o assento.

O sangue estava sendo puxado do meu cérebro para os meus braços e pernas; se a perda fosse muito grande, eu desmaiaria e perderia a consciência, algo que chamamos de *G-LOC* (perda de consciência induzida por força-g). Apontado diretamente para baixo a mais de 700 km/h, eu provavelmente atingiria o solo antes de acordar, o que, infelizmente, foi a causa de muitas mortes de pilotos de caça ao longo dos anos.

Para combater os efeitos, iniciei minha manobra de esforço anti-g – um conjunto especial de contrações musculares e respiração para levar o sangue de volta para o cérebro. Eu também estava usando um traje anti-g, calças equipadas com bexigas de ar que comprimem as pernas e impedem uma circulação maior de sangue nelas. No entanto, mesmo com meu equipamento e treinamento, eu ainda podia sentir os efeitos, pois o sangue se esvaiu da minha cabeça e minha visão periférica diminuiu até parecer que eu estava vendo o mundo através de um rolo de papel toalha.

Meu corpo e meus membros estavam presos ao assento – mesmo que eu quisesse levantar os braços, seria impossível, pois cada braço passou a pesar mais de 110 kg. Eu sentia uma pressão gigantesca no peito – como se um carro estivesse em cima de mim –, enquanto minha máscara injetava ar pressurizado em meus pulmões para auxiliar minha respiração.

Mantendo o adversário à vista pela retaguarda, com o capacete preso entre a capota e o assento, pude ver que ele também havia rolado de forma invertida – agora estávamos a menos de um quilômetro de distância, os dois jatos apontados para baixo enquanto continuávamos a virar um na direção do outro.

Pelo visor de realidade aumentada do meu capacete, vi que um diamante estava acompanhando seu caça – o símbolo de um inimigo – junto com todas as informações necessárias para enfrentá-lo. Quando começamos a apontar nossos caças um na direção do outro novamente, tentei disparar um míssil contra ele, ao mesmo tempo que defendia minha aeronave lançando sinalizadores para mascarar minha assinatura de calor. Mas em questão de segundos estávamos dentro do alcance mínimo de nossos mísseis, sem desviar as aeronaves – a luta agora provavelmente seria decidida pelas armas.

Nós nos cruzamos novamente – dessa vez tão perto que pude ver o que tinha escrito na lateral de seu jato. Ele estava mudando de tática. Em vez de continuar a descer em espiral, ele girou as asas e começou a subir. Era possível ver uma grande nuvem de vapor saindo da traseira de seu caça, pois a baixa pressão da manobra extrema fez com que o ar se condensasse rapidamente e formasse uma nuvem atrás dele. Para vencer, eu teria de me equiparar a ele, colocando a aeronave totalmente na vertical – só que eu estava muito devagar para a manobra, a 5 nós, ou apenas 9 km/h.

Enquanto tentava manter o adversário à vista sob forte pressão da força-g, deixei de checar minha velocidade em relação ao ar durante a verificação cruzada. Com base no que eu sentia do jato, sabia que devia estar bem no limite, mas decidi continuar com a estratégia agressiva. Presumi – incorretamente – que o fato de estar um pouco lento teria um efeito pequeno no resultado da manobra. Ajustei minhas asas e puxei para cima, enquanto empurrava ainda mais o acelerador, na esperança de que o jato me desse um impulso extra. Eu tinha decidido me equiparar à velocidade dele ao mesmo tempo que nós dois subíamos em direção ao céu.

À medida que eu continuava em direção ao topo do *looping*, minha velocidade diminuiu depressa. Na cabine, começou a soar um sinal de alerta avisando que eu estava prestes a entrar numa condição de voo perigosa. Tentei abortar a manobra e girar em direção ao horizonte, mas o jato estava muito lento. Meu deslocamento era menor do que um carro em uma rodovia e, sem a resistência do vento nos controles de voo, eu deixei de ser uma aeronave para me tornar apenas 17 toneladas de metal fazendo um arco no céu.

Com muito esforço, a aeronave se aproximava do ponto mais alto do looping, mas logo antes de completar o arco, minha velocidade foi a zero. Por uma fração de segundo, eu estava me equilibrando pela cauda da aeronave enquanto o pós-combustor lutava contra a gravidade. Se eu estivesse no nível do mar, teria tido um impulso maior do que o meu peso e conseguiria acelerar para sair do estol. No entanto, na altitude em que estava, o empuxo não era suficiente para superar a força da gravidade, e comecei a me mover lentamente para trás – algo que o F-16 não foi projetado para fazer.

O F-16 tem vários computadores que avaliam o estado do voo. Imediatamente, eles detectaram que a aeronave estava fora dos limites projetados e começaram a me avisar com um sonoro "Cuidado, cuidado" e "Atenção, atenção", enquanto as luzes de alerta do sistema de controle de voo se acendiam. O nariz do jato então desceu abruptamente com 2,4 g negativos. Se você já esteve num carro que subia uma ladeira e sentiu aquele frio na barriga, isso é cerca de meio g – se eu colocasse você em uma balança, seu peso constaria a metade do normal. Com 2,4 g negativos, eu estava sendo puxado para fora do meu assento com mais de 220 quilogramas-força. Tudo o que não estava preso ricocheteou por toda a cabine. Até mesmo meu corpo, preso ao assento por meio do cinto de segurança, levantou alguns centímetros enquanto o cinto me mantinha no lugar. O sangue em meu corpo agora corria para cima, enchendo minha cabeça e meus olhos com pressão excessiva e deixando minha visão com um tom avermelhado.

Olhando para a minha altitude, percebi que já havia caído 5 mil pés, enquanto o nariz do jato cortava o ar fazendo um movimento em forma de oito, em busca de fluxo de ar. Nesse ritmo, não demoraria muito até atingir o solo. Olhei para baixo, entre minhas pernas, para encontrar a alavanca de ejeção amarela e preta. Puxá-la faria com que a capota explodisse e ao mesmo tempo daria ignição ao motor de foguete sob meu assento que me separaria rapidamente da aeronave. Eu queria ter certeza de que, apesar de ter sido levantado do assento e arremessado por todos os cantos da cabine de comando, eu ainda conseguiria puxá-la quando fosse a hora. No fundo, eu só conseguia pensar em como as coisas tinham dado tão errado tão rápido.

LEIS DE POTÊNCIA

Um dos mantras dos pilotos de caça é: "Não há nada tão ruim que não possa piorar." Isso quer dizer que as aeronaves que pilotamos são incrivelmente complexas e muitas vezes operam nos limites extremos do envelope de desempenho. É uma circunstância desfavorável, em que até mesmo o ato de acionar um interruptor errado pode causar uma falha catastrófica. Veja, por exemplo, o que diz a lista de verificação de emergência quando há um aviso de falha do estabilizador:

- O uso do freio aerodinâmico pode causar perda de controle da aeronave.

- A perda de controle da aeronave pode ocorrer imediatamente a uma velocidade inferior a XXX nós.

- O acionamento frequente do manche de controle, mesmo de pequena amplitude, resultará em um aumento do aquecimento e poderá resultar na perda de controle da aeronave.

Todas essas três ações parecem inofensivas, mas, junto a uma falha no estabilizador, podem fazer com que a aeronave perca o controle rapidamente e caia.

Aeronaves de combate são sistemas inerentemente instáveis, e um pequeno comando no momento ou no local errado pode fazer com que seus limites projetados sejam excedidos, resultando num acidente ou numa desintegração catastrófica. Em todo o regime de voo, há centenas dessas escolhas menos intuitivas em que o piloto pode se colocar em apuros rapidamente. Por isso é importante que a pessoa no comando da aeronave seja capaz de avaliar rapidamente a situação e mapear seus pontos-chave, para que consiga incorporá-los ao seu modelo mental. O limite do envelope de desempenho não é suave; ele é irregular, e o piloto deve aprender a navegar. Essa habilidade, no entanto, tem aplicações de amplo alcance, que vão muito além da cabine de comando.

48 | A ARTE DE PENSAR COM CLAREZA

Muitos problemas na vida são não lineares, e pequenas mudanças podem causar vários resultados. Isso geralmente vai contra nossas inclinações naturais. Décadas de pesquisa em psicologia cognitiva mostram que nosso cérebro tem dificuldade para entender esses tipos de relações. Nós tendemos ao pensamento linear – se você der trinta passos, ficará a trinta passos de onde começou; para andar o dobro da distância, levará o dobro do tempo. No entanto, esse pensamento muitas vezes pode nos desviar do caminho certo. Por exemplo, imagine que você tenha dois veículos que rodam 16 mil quilômetros por ano: um carro que faz 8,5 km/L e uma caminhonete que faz 4,2 km/L. Para reduzir os custos, qual seria o melhor upgrade?

a. Substituir a caminhonete de 4,2 km/L por uma de 8,5 km/L

b. Substituir o carro de 8,5 km/L por um carro de 21,2 km/L

Diante dessa questão, a maioria das pessoas escolhe o carro – um aumento de 12,7 km/L é maior, além de ser um aumento percentual maior em comparação a caminhonete. Porém, de forma contraintuitiva, a resposta é que a substituição da caminhonete é mais vantajosa. A caminhonete atual consome 3.785 litros de gasolina por ano, enquanto o carro consome 1.852 litros. A substituição da caminhonete reduzirá a quantidade de gasolina usada em 1.852 litros, enquanto a substituição do carro reduzirá apenas 1.135 litros.

Se você está surpreso, é porque sua mente reduziu essa relação a uma questão linear. No entanto, à medida que o km/L aumenta, o total de gasolina economizado diminui em um ritmo cada vez menor. O efeito é tão grande que, mesmo que substituíssemos o carro por um outro ultra eficiente de 42 km/L, ainda assim economizaríamos mais substituindo a caminhonete.

Para reforçar o argumento de que nossa mente tende ao pensamento linear, vejamos outro exemplo: Se eu lhe desse uma moeda de um centavo e dissesse que seu valor dobraria a cada dia pelo próximo mês, depois de 31 dias, quanto dinheiro você teria? Pare e pense sobre isso.

O palpite da maioria das pessoas é da ordem de várias centenas de dólares – o pensamento não linear não é natural para nós. Mesmo depois de ouvir que esse é um problema exponencial, os palpites de muitas pessoas geralmente não ultrapassam algumas centenas de milhares de dólares. A resposta, de fato, é mais de US$ 10 milhões.

Para dificultar ainda mais as coisas, geralmente há pontos – chamados de *joelhos na curva* de um gráfico – em que os valores começam a mudar rapidamente. Veja o exemplo da moeda de um centavo: se eu lhe dissesse que ela dobraria a cada dia durante 20 dias em vez de 31, qual seria sua estimativa? Com dois terços do período, uma estimativa linear seria de US$ 6 milhões. Porém, como esse é um problema não linear, você poderia supor algo significativamente menor, como US$ 500 mil. A resposta é apenas US$ 20 mil – menos de *1 por cento* do valor total após um mês inteiro. O vigésimo dia é o joelho na curva, quando o valor começa a aumentar rapidamente.

Para entender o mundo em que vivemos, precisamos entender essas relações não lineares, que se enquadram no termo *leis de potência*. As leis de potência regem sistemas nos quais uma mudança em um determinado aspecto pode levar a uma mudança significativa em outro, independentemente das condições iniciais. Embora a definição possa parecer abstrata, todos nós temos experiências com leis de potência em nossa vida. Quando alguém começa a se exercitar pela primeira vez, vai notar no início um rápido progresso à medida que sua força aumenta. No entanto, os ganhos começarão a diminuir, embora o esforço seja o mesmo. Mesmo com um esforço maior, sua capacidade acabará se estabilizando. É por isso que há diferenças tão estreitas entre atletas olímpicos – todos otimizaram seus corpos e técnicas e agora estão lutando por ganhos fracionários no desempenho.

Ainda que a maioria das pessoas esteja familiarizada com as leis de potência, poucas conseguem aplicá-las de forma consistente em suas tomadas de decisão. Como as leis de potência podem ter um enorme efeito sobre os resultados, é importante ser capaz de identificá-las com rapidez e entender suas implicações. Por uma série de razões, as pessoas não as levam em conta, o que acaba gerando uma avaliação equivocada do problema que estão enfrentando, e consequentemente uma decisão ruim. Vamos dar uma olhada em um exemplo no contexto de negócios.

A OPORTUNIDADE PERDIDA DE UM TRILHÃO DE DÓLARES

No inverno de 1997, vários alunos de Stanford se encontraram em um restaurante chamado Fuki Sushi, em Palo Alto, na Califórnia, para uma reunião de negócios. Naquela época, o modesto estabelecimento já era um marco do Vale do Silício, por ter sido o primeiro restaurante japonês a abrir na região, vinte anos antes. Assim que entraram no estabelecimento, a primeira coisa que os alunos viram foi um letreiro neon vibrante com a palavra SUSHI, que contrastava com os chefs japoneses vestidos de maneira tradicional preparando as refeições.

Essa reunião foi especial porque os alunos tinham consigo um algoritmo revolucionário que batizaram de BackRub. Eles haviam começado a desenvolvê-lo vários anos antes, num projeto escolar, e estavam trabalhando nisso em meio período, em seus alojamentos em Stanford. Inacreditavelmente, naquela altura, os alunos estavam usando *mais da metade* da banda da internet de Stanford. Ainda assim, sem nenhum modelo de negócios por trás, os alunos só viam o programa como um ponto de partida para suas carreiras acadêmicas.

O algoritmo era revolucionário porque tinha a capacidade de trazer ordem à internet de forma escalonável. A internet, que começou como uma forma de as instituições acadêmicas compartilharem trabalhos de pesquisa, rapidamente se transformou em uma terra sem lei digital. Ela era descentralizada por definição, o que impossibilitava sua padronização. Qualquer pessoa podia subir seus pensamentos, imagens, produtos e códigos no formato que quisesse. Era um mundo digital em constante expansão prestes a ficar inundado de spam, lixo eletrônico. A pergunta que todos estavam fazendo naquele momento era: Como organizar essa enorme quantidade de informações de maneira útil?

A solução, ao que parecia, eram os portais da web. Empresas como America Online, Excite e Yahoo! faziam a curadoria do conteúdo da internet em páginas iniciais elaboradas, que continham tudo o que era necessário para os usuários. Ao contrário de hoje em dia, em que temos a inteligência artificial e o aprendizado da máquina para a personalização da experiência do usuário, essas telas iniciais eram uma solução única, formatada para todos. Os portais da web eram, na verdade, jornais digitais. Os usuários faziam login e navegavam pelo conteúdo selecionado, clicando nos links que lhes interessavam. Isso era bom para a maioria deles, muitos dos quais tinham apenas algumas poucas horas de experiência com a internet. O problema é que isso só lhes dava acesso a uma fração das informações disponíveis.

Muitos portais, no entanto, forneciam uma caixinha na parte inferior da tela para pesquisas específicas. Antes de executar uma pesquisa, os usuários precisavam selecionar uma das opções de um menu suspenso: A opção padrão era pesquisar apenas o conteúdo selecionado no portal, a segunda opção era pesquisar em sites de notícias pré-selecionados, e a última opção era pesquisar em toda a internet – coisa que os usuários faziam em menos de 5% das vezes. O motivo era que, além de ser um conceito novo, os resultados eram *péssimos*. O que voltava para o usuário eram páginas intermináveis de spam, e ele era obrigado a examinar os resultados um a um. Depois de algumas tentativas de busca fracassadas, o usuário comum considerava o recurso uma engenhoca e nunca mais o utilizava.

EXCITE

Sentados do outro lado da mesa dos alunos do Fuki Sushi estavam dois dos fundadores da gigantesca empresa de tecnologia Excite.com. A Excite era o segundo maior portal da web do mundo e o quarto site mais visitado da internet. Não tinha muito tempo que ela havia aberto seu capital e estava avaliada em mais de US$ 5 bilhões. Era uma empresa única, pois, ao contrário de outros portais, que eram administrados como empresas de mídia, ela havia sido inaugurada como uma empresa de tecnologia com foco na infraestrutura por trás do conteúdo. Até aquele momento, a estratégia tinha dado certo, o que lhes dava uma vantagem tecnológica sobre seus concorrentes e a tornava uma das empresas com o crescimento mais rápido no mundo. Entretanto, apesar do crescimento e da avaliação, os fundadores sabiam que a sobrevivência a longo prazo da empresa dependia de conseguirem resolver o problema da busca.

Superficialmente, o problema da busca parecia simples – usava-se as palavras-chave que os usuários digitavam em uma caixa de pesquisa e as comparavam com a frequência em que elas apareciam nos sites. Os resultados mais semelhantes apareceriam no topo da lista. Aquilo não era um conceito novo – naquela época, os computadores já existiam havia quase 30 anos, e a *recuperação de informações*, como é chamada, era uma técnica comumente usada. No entanto, essa técnica só funcionava bem em ambientes acadêmicos, com milhares de pessoas fazendo upload de conteúdo padronizado e de alta qualidade. Como a internet estava se expandindo exponencialmente e a maior parte dela era spam, a recuperação de informações não estava funcionando. Esse problema fez surgir um sentimento crescente entre os especialistas de que a internet não era administrável e, portanto, não seria tão revolucionária quanto se esperava. Como Barry Rubinson, diretor de engenharia de um dos principais mecanismos de busca, disse na época: "É tudo magia e feitiçaria. Qualquer pessoa que lhe diga que é científico está apenas brincando com você. O primeiro problema é que a relevância vai depender de quem estiver usando. O segundo é conseguir dar sentido às consultas irritantemente curtas e enigmáticas que os usuários digitam no campo de pesquisa."

O teste decisivo daquele momento era a busca pela palavra *universidade*. Na teoria, os principais resultados da pesquisa deveriam ter sido as páginas iniciais das universidades mais importantes. Mas, em vez disso, os mecanismos de busca recuperaram tudo o que continha a palavra *universidade* – a maioria páginas de spam que vendiam produtos para estudantes. Para ajudar a reduzir os resultados, os portais tentaram analisar outros fatores, como o uso de maiúsculas na digitação da palavra-chave, o tamanho da fonte e a posição. No entanto, isso logo se tornou um jogo de gato e rato, em que os sites colocavam palavras-chave desejáveis – muitas vezes em textos invisíveis para o usuário – em todas as suas páginas para atrair mais visitantes. Os mecanismos de busca que usavam técnicas tradicionais não estava mais dando certo.

LEIS DE POTÊNCIA | **53**

Mas os alunos de Stanford resolveram o problema de uma maneira diferente. Chegaram à conclusão de que os links – aquilo que os usuários clicavam para navegar em uma página – eram como as páginas de citações no final dos livros acadêmicos. Quanto mais uma página era referenciada, provavelmente mais confiável ela era. As páginas de spam, apesar de terem as palavras-chave corretas, podiam ser eliminadas, já que nenhum outro site faria referência a elas. Olhando em retrospecto, era um conceito incrivelmente simples, mas que os principais portais não haviam percebido.

Embora a ideia fosse simples, na prática o gerenciamento era bem mais complexo – embora os links externos fossem claramente identificáveis, aqueles que estavam *vinculados* a um website não eram. Para que o sistema funcionasse, os alunos precisariam desenvolver um mapa que abrangesse toda a estrutura de links da internet. Uma vez concluído, ele se pareceria com as rotas aéreas em um mapa onde as cidades centrais se destacariam instantaneamente.

Mapear toda a internet era um problema assustador. Já havia milhões de páginas na internet e, com uma equipe de apenas quatro pessoas, seriam necessários centenas de anos para que todo esse acúmulo de sites fosse catalogado manualmente, sem contar as centenas de milhares de páginas que eram adicionadas dia após dia. Os alunos, no entanto, reconheceram que clicar em links era uma tarefa simples, que não exigia muita interpretação. Isso fazia com que a atividade fosse um trabalho perfeito para um aplicativo automatizado conhecido como *rastreador web*. O rastreador seguiria e indexaria os links encontrados constantemente, construindo assim o mapa da internet. O crescimento explosivo da internet, em vez de um obstáculo, se tornaria um trunfo para os alunos, pois quanto mais links o rastreador encontrasse, mais detalhes ele poderia adicionar ao mapa, o que, por sua vez, geraria melhores resultados. Isso, combinado com as técnicas tradicionais de recuperação de informações que já estavam em uso, permitiria que o algoritmo do BackRub superasse a concorrência de forma escalonável.

No restaurante, os fundadores da Excite começaram a inserir as buscas e ficaram impressionados com os resultados – os alunos tinham, de fato, desenvolvido uma ferramenta de pesquisa superior. Não era significativamente superior, mas, ainda assim, apresentava resultados bem melhores. De qualquer maneira, depois de entenderem *como* o algoritmo funcionava, com sua estrutura de links de entrada e rastreadores web, os fundadores sabiam que esse era o futuro da internet.

Os alunos pretendiam vender o algoritmo – eles desejavam deixar para trás o que havia se tornado um fardo para suas carreiras acadêmicas. O projeto também não tinha possibilidade de ser monetizado, já que sua compra havia sido recusada por várias empresas. Por US$ 1,6 milhão, a Excite ficaria com ele – o grupo até passaria vários meses na sede da Excite integrando-o à infraestrutura já existente da empresa. A única condição era que tudo precisaria ser feito antes do segundo semestre, para que eles pudessem se concentrar nas aulas.

Foi um negócio incrível para a Excite. Os fundadores sabiam que esse algoritmo permitiria que a empresa se tornasse a única no mundo capaz de trazer ordem à internet de forma escalonável, permitindo-lhes captar bilhões de dólares. Havia apenas um problema: os fundadores não tinham o controle de sua própria empresa.

START-UP

As empresas de tecnologia competem em um dos meios mais acirrados do setor de negócios. Um dos motivos para isso é o fato de que elas trabalham com código de programação, que pode ser reproduzido em escala numa velocidade absurda. O custo de reprodução de um software adicional depois que ele é desenvolvido é normalmente muito menor do que o de um produto físico. Isso significa que, depois que um aplicativo é desenvolvido, todos podem ter acesso a ele. Isso é diferente, por exemplo, de restaurantes, onde uma churrascaria em Nova York não enxerga uma churrascaria em Dallas como um concorrente – o custo de tempo e deslocamento faz com que cada uma delas tenha sua clientela. Ambos os restaurantes – mesmo que sejam idênticos – podem existir separadamente em seus próprios ecossistemas.

As empresas de tecnologia, entretanto, competem em ecossistemas muito maiores. É um meio de alto risco mas também de alta recompensa, no qual as principais empresas de um setor ganham bilhões de dólares, as

LEIS DE POTÊNCIA | **55**

empresas de segundo escalão lutam para sobreviver e as demais fecham as portas. Para competir nessas condições, as empresas start-up muitas vezes passam anos sem gerar receita, investindo dezenas de milhões de dólares em infraestrutura de negócios e aquisição de talentos para que, com sorte, seus produtos venham a ter aceitação do público e obtenham lucro.

Os fundadores da Excite tinham muito em comum com os alunos que estavam no restaurante – na verdade, apenas cinco anos antes, *eles* eram alunos de Stanford, e desenvolveram suas habilidades nos mesmos laboratórios de informática que a nova turma estava utilizando naquele momento. Na época, eles não estavam nem perto de ter o dinheiro necessário para competir com os gigantes da internet, como o Yahoo! e o America Online. Para ajudar a resolver o problema de caixa, eles recorreram a uma empresa de capital de risco e abriram mão da maior parte da companhia em troca de financiamento, para que pudessem crescer o mais rápido possível.

As empresas de capital de risco tinham apenas pessoas altamente capacitadas nas posições de liderança, formadas nas melhores universidades; porém, naquela época, a defasagem de conhecimento em relação à internet era muito alta. A mentalidade para definir quem assumiria o cargo de liderança também era diferente. Ainda não havia um perfil definido de programador que hoje domina a liderança das empresas de tecnologia. Acreditava-se que, se uma empresa quisesse ser levada a sério, um executivo corporativo, geralmente formado numa Ivy League, deveria assumir a gestão – o exemplo mais famoso foi quando a Apple demitiu Steve Jobs como CEO e o substituiu por um executivo da Pepsi.

Assim que a empresa de capital de risco assumiu o controle da Excite, eles mudaram a marca e puxaram o tapete dos fundadores. Em seguida, contrataram uma agência *headhunter* para encontrar um novo CEO – queriam alguém com presença executiva e que usasse terno e gravata para trabalhar, em vez de bermudas, que os fundadores usavam com frequência. Eles queriam o que era conhecido no setor como "supervisão adulta" para os fundadores que estavam na casa dos vinte e poucos anos. Essa busca os levou a contratar um homem chamado George Bell.

George era o CEO modelo da época. Ele havia estudado em Harvard, onde se formou em inglês e se destacou como jogador de squash. Passou a década seguinte como produtor de documentários sobre a natureza, viajando pelo mundo para registrar espécies ameaçadas de extinção e tribos remotas. George tinha uma ótima reputação como vendedor, alguém que conseguia financiamento para seus documentários enquanto participava de um safári. Depois de suas viagens como produtor, ele se estabeleceu e subiu na hierarquia corporativa, até assumir a presidência de um grupo de mídia.

George acreditava que as parcerias eram essenciais para que a Excite mantivesse sua relevância. Usando as habilidades de vendas que havia refinado na época em que ainda produzia documentários, em pouco tempo ele conseguiu que a Excite se tornasse o mecanismo de busca exclusivo da America Online em troca de uma participação de 20%. Em seguida, fechou uma parceria de sete anos com a gigante financeira Intuit, fabricante dos softwares Quicken e TurboTax, por mais 19% de participação da Excite. Para ampliar sua base de usuários, ele adquiriu o Netbot, um mecanismo de busca voltado para comparação de preço, e, no fim do mesmo ano, fechou um acordo com a Ticketmaster para oferecer venda direta de ingressos on-line.

A estratégia de George era fazer uma *Blitzkrieg** na internet, onde a cada seis ou oito semanas ele adquiria uma nova empresa. Sua visão era de que a internet era como um imóvel digital. Ao controlar áreas valiosas – como 10% da tela inicial da America Online –, ele poderia direcionar as pessoas para o portal da Excite, onde poderia gerar receita com anúncios. A Excite.com se tornaria, como George gostava de dizer, "uma única loja que atenderia todas as suas necessidades".

Para lidar com o crescente problema de spam, George comprou a Magellan por US$ 18 milhões, a primeira grande consolidação entre os mecanismos de busca da internet. Com isso, a Excite passou a ter uma das principais equipes de avaliação de sites, composta por 75 jornalistas que trabalhavam 24 horas por dia para fazer avaliações curtas sobre os sites. Isso ajudou a

---

* *Blitzkrieg* ou guerra-relâmpago é uma tática militar em nível operacional que consiste em utilizar forças móveis em ataques rápidos e de surpresa, com o intuito de evitar que as forças inimigas tenham tempo de organizar a defesa. [*N. do E.*]

organizar a internet e garantiu que a Excite.com tivesse apenas sites de alta qualidade associados a ela. Até aquele momento, eles já haviam acumulado mais de 40 mil avaliações.

Após a reunião no Fuki Sushi, os fundadores da Excite pediram permissão a George para comprar o algoritmo BackRub. Ele negou o pedido. A Excite já era conhecida como um dos melhores mecanismos de busca e, na opinião de George, eles já haviam resolvido o problema da busca com a aquisição da Magellan. Os fundadores discordaram, e conseguiram persuadir sua empresa de capital de risco a reconsiderar os alunos de Stanford. Durante a reunião, os estudantes, que foram ficando sem saída e sem tempo, baixaram o preço de venda para US$ 750 mil. A Excite poderia ter os direitos sobre tudo o que eles haviam desenvolvido, desde que eles pudessem se afastar e voltar para suas carreiras acadêmicas. Os fundadores estavam convencidos de que a Excite deveria aceitar o negócio e, embora a empresa de capital de risco não estivesse fortemente inclinada a fechar aquela compra, uma reunião entre George e os alunos foi marcada.

No dia da reunião, os alunos chegaram ao novo Mid-Point Technology Park, onde fica a sede da Excite. Entrando no prédio com fachada de vidro e 88 mil m², os alunos foram até a sala de George carregando seus computadores e materiais de apresentação. Depois de configurar os computadores, eles iniciaram o BackRub em uma janela e o portal da Excite na outra – eles colocariam os dois frente a frente para ver qual era o melhor.

Durante a competição, o BackRub superou os resultados de pesquisa do Excite, mas a margem de vantagem não tinha sido muito grande. Não parecia revolucionário. Por fim, George já tinha visto o bastante; por US$ 750 mil, não valia a pena se preocupar com aquilo – ele poderia adquirir os direitos, acabar com um futuro concorrente e colocar a tecnologia em uma prateleira caso eles precisassem dela mais tarde. Mas os alunos não haviam iniciado o projeto pelo dinheiro; eles o haviam feito porque viram o potencial da internet e queriam torná-la útil. Os alunos colocaram uma cláusula no contrato que dizia que o algoritmo deles precisava ser usado depois de comprado. Isso acabou sendo a ruína do negócio. A receita da Excite era gerada a partir da permanência das pessoas em seu portal. Se eles tivessem controle sobre uma página, poderiam comercializá-la para os anunciantes. No entanto, quando alguém saía do site ao pesquisar determinado assunto, eles perdiam aquele usuário em potencial. A *fidelização* do site, como é chamada, era uma das métricas mais importantes da época, e George acreditava que se um mecanismo de busca fosse "bom demais", ele poderia ser contraproducente. Isso, combinado com sua crença de que o problema da busca havia sido resolvido, levou-o a recusar o acordo.

ANTIPORTAL

Durante o ano e meio seguinte, todas as empresas que os alunos abordaram também recusaram. "Não conseguimos que ninguém se interessasse", disse um dos alunos. "Recebemos algumas ofertas, mas não eram muito altas, então dissemos: 'que seja' e voltamos para Stanford para trabalhar mais no projeto." Eles acabaram desenvolvendo o BackRub como um antiportal – em vez de centenas de links e anúncios na tela inicial, eles reduziram tudo até que houvesse apenas uma pequena caixa de pesquisa e dois botões na tela. Isso aconteceu não só porque eles não tinham recursos para acrescentar mais nada, mas principalmente porque fazia com que o site carregasse mais rápido, o que desde o início se tornou um de seus principais objetivos.

Desde aquela reunião no inverno de 1997, o cenário da internet mudou radicalmente. A Excite logo se fundiu com a @Home Network em um acordo bem-sucedido de US$ 6,7 bilhões, tornando-se a maior fusão de duas empresas de internet da época. No entanto, em dois anos, o conglomerado implodiu com enormes prejuízos, causando uma queda de 90% no valor das ações e forçando-os a declarar falência. A empresa foi então desmembrada e vendida por valores baixos para seus antigos concorrentes.

Os alunos continuaram a investir em pesquisa – tudo o que faziam tinha o intuito de tornar as buscas mais eficientes para os usuários, independentemente da fidelização do site. Por fim, eles resolveram o problema da receita, desenvolvendo um sistema em que os anunciantes entravam em leilões para serem associados a palavras-chave pesquisadas pelos usuários. Por ser uma das poucas empresas do mundo capazes de dominar a internet, eles se aproveitaram disso. Na esperança de transformar seu projeto em um negócio, eles decidiram renomear seu algoritmo. Embora o nome "the Whatbox" tenha sido seriamente considerado, acabaram trocando o nome BackRub para uma brincadeira com o termo matemático que representa o número 1 seguido de 100 zeros, e se autonomearam Google. Hoje, o Google – fundado pelos ex-alunos de Stanford Larry Page e Sergey Brin – vale mais de US$ 1,5 trilhão.

Não há como saber se a Excite teria sido tão bem-sucedida quanto o Google caso George tivesse comprado o algoritmo dos alunos naquele dia. No entanto, o fato de eles terem deixado passar é considerado hoje uma das piores decisões comerciais da história e que acabou contribuindo para o colapso da empresa. O motivo principal era que George não entendia as leis de potência em um nível bom de profundidade, nem como elas se relacionavam com os problemas que ele estava enfrentando. Ele não previu o quanto o crescimento acelerado da internet alteraria radicalmente o sistema no qual ele trabalhava. A contratação de equipes de jornalistas para avaliar os sites era uma solução linear. Isso pode funcionar quando se trata de livros, filmes e produtos que não são tão numerosos em comparação à base geral de usuários. No entanto, a internet deu a qualquer pessoa com um computador a capacidade de criar um site em poucas horas. Isso resultou num crescimento impressionante no número de páginas. É compreensível que ele não tenha percebido isso – em 1997, a internet ainda não tinha atingido o ponto mais alto da curva. É como o exemplo da moeda de um centavo no décimo dia – se você der um zoom aproximando o bastante, o gráfico parece linear. Entretanto, em poucos anos, a internet cresceu drasticamente. Hoje, se uma empresa como a Excite fosse revisar os sites um a um, ela precisaria de muito mais do que 100 mil jornalistas.

Porém, havia uma lei de potência ainda mais fundamental que os portais da web do fim da década de 1990 não levaram em conta. Criada por Robert Metcalfe, um dos primeiros inventores da Ethernet, a lei da potência, conhecida como Lei de Metcalfe, afirma que o valor de uma rede cresce exponencialmente com o número total de usuários. Pense em um telefone: se você fosse a única pessoa no mundo que tivesse um, ele não teria valor. Mesmo que algumas pessoas tivessem um, ele ainda não teria muito valor. Mas como a maioria das pessoas tem um telefone, eles são incrivelmente valiosos. O mesmo se aplica à mídia social, aos aplicativos de relacionamento e até mesmo à própria internet. Os portais da web eram um gargalo que limitava o número de conexões que os usuários podiam fazer. Era uma solução linear que transformou a internet em um mero jornal digital. Como a internet era muito nova, a maioria dos usuários estava satisfeita com aquele *status quo*. O mecanismo de busca do Google, no entanto, eliminou o gargalo e proporcionou aos usuários acesso a todo o poder da internet sem que ela deixasse de ser controlável. Isso fez com que os usuários adotassem rapidamente o mecanismo de busca do Google, resultando no colapso dos portais da web. O efeito de rede é tão poderoso que, atualmente, ele pode ser responsável por 70% ou mais do valor de uma empresa digital.

LEIS DE POTÊNCIA

As leis de potência governam o mundo ao nosso redor. Elas são amplamente usadas na física, engenharia, biologia, psicologia, economia, meteorologia, criminologia e em diversas outras áreas. Na biologia, por exemplo, a Lei de Kleiber demonstra que o metabolismo de um animal não acelera de maneira linear, de acordo com o tamanho, e sim segue uma lei de potência. Por exemplo, um gato, apesar de pesar mais de 100 vezes mais do que um rato, requer apenas 32 vezes mais energia para se sustentar. É uma forma de economia de escala, em que uma duplicação do tamanho não requer uma duplicação do consumo de energia. Surpreendentemente, essa lei se aplica a grande parte do reino animal – é a mesma lógica de uma vaca, que é 100 vezes mais pesada que um gato, e de uma baleia, que é 100 vezes mais pesada que uma vaca. E como a expectativa de vida está intimamente relacionada ao metabolismo, essa lei de potência é a razão pela qual um camundongo vive apenas alguns anos, enquanto uma baleia pode viver mais de oitenta anos (os seres humanos, por meio de cuidados com a saúde e da tecnologia, agora vivem muito mais do que o nosso tamanho poderia prever).

A capacidade de identificar rapidamente uma variável que esteja em conformidade a uma lei de potência é fundamental durante a fase de avaliação da Hélice ASE. É o que nos permite priorizar os pontos-chave que terão maior influência em nossas decisões. Embora existam centenas de leis de potência específicas em quase todas as áreas conhecidas, podemos simplificar todas elas em apenas três tipos gerais, o que nos permite priorizar rapidamente nossa verificação cruzada.

1. Crescimento exponencial

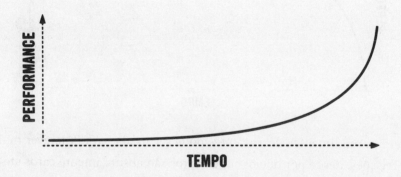

O crescimento exponencial descreve como as populações aumentam, como os vírus se espalham, como os juros compostos crescem, como o poder de processamento dos computadores ganha força, e muito mais. Crescimento exponencial significa que, à medida que uma quantidade aumenta, sua taxa de crescimento também aumenta. O crescimento está acelerando ao longo do tempo. Em forma de gráfico, o crescimento exponencial se parece com um J – a quantidade começa aumentando lentamente e, em seguida, decola rapidamente. Uma maneira fácil de identificar o crescimento exponencial é verificar se há um tempo de duplicação consistente. Se uma cidade leva uma década para crescer de 10 mil para 20 mil habitantes e depois outra década para crescer de 20 mil para 40 mil e assim por diante, ela está crescendo exponencialmente.

Uma técnica para calcular rapidamente o crescimento exponencial chama-se *regra dos setenta*. Ao dividir setenta pela taxa de crescimento, você pode encontrar o tempo de duplicação. Por exemplo, digamos que seus investimentos estejam crescendo 7% ao ano. Dividindo 70 por 7, você rapidamente pode ver que seu dinheiro dobrará a cada 10 anos.

2. Rendimentos decrescentes

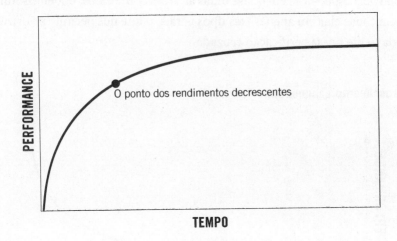

A lei dos rendimentos decrescentes pode ser usada para descrever muitas relações, desde por que os supercarros são absurdamente caros até o motivo pelo qual apenas uma pequena quantidade de sabão é necessária para lavarmos nossas roupas. Os *rendimentos decrescentes* referem-se a uma situação em que um resultado menor é alcançado por meio de uma quantidade crescente de recursos e esforços. Um gráfico de rendimentos decrescentes sobe acelerado, mas depois diminui gradativamente. Em alguns casos, ele pode acabar diminuindo e se transformando em rendimentos negativos.

Considere, por exemplo, um restaurante com apenas um cozinheiro. Se o restaurante estiver movimentado, é provável que isso seja um gargalo para a operação. A contratação de mais cozinheiros irá fornecer uma capacidade adicional ao restaurante. Cada novo cozinheiro contratado aumenta a quantidade de comida que o restaurante pode servir, mas, em algum momento, será a uma taxa cada vez menor. Com base no custo de cada cozinheiro, chega um ponto em que não é economicamente viável contratar cozinheiros adicionais. Mesmo sem levar em conta o custo, eventualmente a cozinha estará tão cheia de pessoas que, mesmo que a mão de obra seja gratuita, a contratação de novos cozinheiros impedirá o progresso e resultará em um retorno negativo.

3. Cauda longa

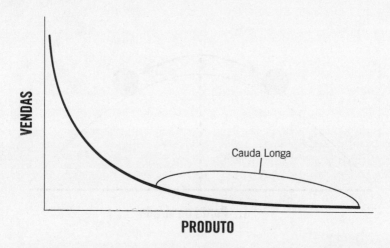

A lei de potência da cauda longa é a base da famosa regra 80-20 do economista Vilfredo Pareto, que observou que 20% das pessoas na Itália possuíam 80% das terras. Essa ideia, de que uma grande porcentagem do impacto e dos resultados é gerada por uma pequena porcentagem do trabalho, foi desde então identificada no tamanho das empresas, nas classificações de renda, nas pesquisas de audiência da TV, nas populações das cidades e até mesmo na codificação do RNA em nossas células. Um gráfico de uma lei de potência de cauda longa começa alto e, em seguida, cai depressa, mas em uma quantidade cada vez menor, criando, por fim, o que parece ser uma cauda longa à medida que se aproxima de zero.

A lei de Zipf, nomeada em homenagem a George Zipf, por exemplo, mostra que a palavra mais usada em um idioma terá uma ocorrência duas vezes maior que a segunda palavra mais frequente, três vezes mais que a terceira palavra mais frequente, e assim por diante. Na língua inglesa, *the* é a palavra mais frequente, e representa quase 5% de todas as palavras usadas, seguida por *of*, que representa pouco mais de 3,5%, e *and*, que representa 2,4%. É uma lei surpreendentemente consistente e que se mostra verdadeira em quase todos os idiomas. A conclusão para um novo falante é que, ao aprender apenas as 135 principais palavras de um idioma, ele pode falar metade de todas as palavras utilizadas por um falante nativo.

PONTO DE VIRADA

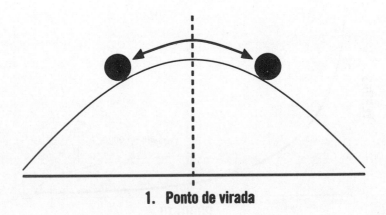

1. Ponto de virada

Além das leis de potência, muitas vezes existem áreas em um sistema onde uma pequena alteração na entrada pode afetar desproporcionalmente a saída. Esses pontos de virada são momentos críticos em que uma mudança mínima pode fazer uma enorme diferença. Pense na água, por exemplo: a diferença entre 0,5°C e -0,5°C não parece tão diferente, mas a água passar a ficar em estado sólido. O velho ditado da palha que quebrou as costas do camelo é um exemplo disso. Conforme o peso é colocado no camelo, uma pequena quantidade de peso acaba causando uma mudança drástica na saúde do camelo.

Os pontos de virada podem ser encontrados em todas as áreas, e geralmente são difíceis de conceber porque representam formas extremas de comportamento não linear. Mesmo quando sabemos que existe um ponto de virada, se não tivermos uma experiência direta com ele, geralmente é difícil conciliar nossas experiências passadas com o que nos foi ensinado. Acabamos nos acostumando à forma como nossas ações afetam um sistema e, de repente, o resultado é muito diferente do que esperávamos. Foi isso que me levou a perder o controle do F-16. Naquele momento, eu não percebi a importância de fazer a verificação cruzada da minha velocidade em relação ao ar antes de emparelhar com o adversário na vertical. Presumi – incorretamente – que o fato de estar ligeiramente lento teria um pequeno impacto no resultado.

FORA DE CONTROLE

O nariz do meu F-16 continuou cortando o ar, me arremessando violentamente por toda a cabine, junto com tudo o que não estava preso. Parecia que eu estava nas garras de um animal gigante tentando me dilacerar. Tirei os olhos da alavanca de ejeção – eu queria ter certeza de que sabia exatamente onde ela estava, para que pudesse passar o restante do tempo recuperando o controle da aeronave. Em seguida, concentrei minha atenção na altitude, enquanto começava a fazer o check-list para recuperação de situações fora de controle que eu havia memorizado durante meu treinamento: soltei a pressão no manche, coloquei o acelerador em marcha lenta e reiniciei os computadores de controle de voo.

O nariz do F-16, no entanto, continuava a cortar o ar feito uma folha despencando de uma árvore. Passei para as próximas etapas. Com a mão esquerda, encontrei o interruptor para acionar a arfagem manual, que me permitiria substituir os controles de voo e controlá-los manualmente. Enquanto segurava o interruptor, passei a empurrar o manche para baixo toda vez que o nariz do jato caía e puxar de volta toda vez que ele subia – como se estivesse tirando um carro de um montinho de neve.

Por fim, o nariz dele caiu. Eu estava apontando diretamente para baixo, mas ainda bem abaixo da velocidade de voo. Mantendo-me ao assento somente por causa do cinto, eu podia ver as montanhas e as árvores se aproximando rapidamente. Empurrei o acelerador para a frente, ativando o pós-combustor ao máximo, e fui com tudo até estar rápido o bastante para puxar o manche para trás. Senti a força-g aumentar, fazendo-me afundar no assento enquanto o nariz do jato subia. Por fim, minha trajetória de voo se nivelou. Recuperei o jato, embora a apenas alguns milhares de pés acima das montanhas. Não entender as leis de potência e os pontos de virada quase custou minha vida.

IDENTIFICANDO AS LEIS

Agora que temos uma compreensão melhor do comportamento não linear e das leis de potência, a próxima pergunta é: como podemos identificá-los melhor ao avaliar um problema? O primeiro passo é aumentar nossa consciência sobre o nosso viés linear. Somos naturalmente programados para ver o mundo de forma linear. Durante grande parte da história, confundir uma lei de potência com uma relação linear não era um grande problema, porque o mundo não era tão impulsionado. Hoje, porém, nossas decisões são muito impulsionadas pela tecnologia. Cada decisão que tomamos é ampliada para produzir um resultado muito maior do que poderíamos alcançar sozinhos. Por exemplo, no passado, uma vila de pescadores não precisava se preocupar tanto com a pesca excessiva em um corpo d'água. As ferramentas utilizadas limitavam o impacto que eles poderiam causar. No entanto, atualmente, uma pequena frota de mega-arrastões modernos em poucos anos pode destruir rapidamente um ecossistema inteiro se não houver um controle.

O passo seguinte para evitar o viés linear é fazer um gráfico com os dados. Os números brutos são abstratos e difíceis de a mente humana processar. Entretanto, ao representá-los graficamente, os padrões costumam aparecer. Podemos logo transformar esses dados distintos em uma compreensão geral do sistema. Muitas vezes, isso pode ajudar as pessoas a chegarem à solução correta por conta própria. Por exemplo, pesquisadores descobriram que as pessoas tendem a estimar incorretamente o tempo que economizaram só de aumentar a velocidade ao dirigir. Isso ocorre porque a informação mais destacada é sempre a velocidade, o que faz com que as pessoas acreditem que existe uma correlação linear. Contudo, a velocidade segue uma lei de potência de cauda longa. Aumentar a velocidade de 90 para 105 economizará cerca de seis minutos a cada 16 quilômetros, mas passar de 105 para 145 economizará apenas metade do tempo, apesar do mesmo aumento de velocidade. Essa noção equivocada muitas vezes leva as pessoas a acelerar desnecessariamente, resultando em um mau uso do combustível e mais acidentes. Os pesquisadores, todavia, descobriram que poderiam eliminar essa tendência adicionando um mostrador extra, chamado de "paceometer", que mostra quanto tempo os motoristas levariam para percorrer 16 quilômetros. Isso permitiu que as pessoas estimassem com muito mais precisão o tempo economizado e priorizassem melhor a velocidade em relação à segurança e ao consumo de combustível.

LEIS DE POTÊNCIA | **67**

Outra maneira de verificar se há uma lei de potência em um sistema é utilizar os pontos extremos. Qualquer gráfico pode parecer linear dependendo de quão ampliado ele está. Porém, ao diminuir o zoom, a relação pode se provar não linear. Use o exemplo de alguém tentando demonstrar o poder dos juros compostos. Uma taxa de rendimento de 5 a 10% passa a ser de 100% e, em vez de ser anual, ela passa a ser diária. Esse é o exemplo da moeda de um centavo citado anteriormente, que mostra de forma dramática o impacto do crescimento exponencial. Depois de entender que há uma lei de potência em jogo, você pode aprimorar a solução utilizando números mais realistas.

Cada etapa da Hélice ASE se baseia na anterior. Uma avaliação adequada do problema é a base de uma boa tomada de decisão. É impossível tomar boas decisões de forma consistente sem ela. Uma avaliação adequada não precisa necessariamente levar muito tempo; muitas vezes, ela pode ser feita em apenas alguns segundos. No entanto, ela precisa ser praticada a ponto de passar a ser instintiva.

3

LIÇÕES APRENDIDAS

Província de Nangarhar, Afeganistão: 17h30, horário local

Depois de várias horas de vigilância armada no sul do Afeganistão, eu e meu parceiro de voo cruzávamos o país em nossos F-16 para dar apoio a um comboio de Rangers do Exército americano que havia acabado de ser atacado e estava encurralado. O comboio estava voltando de uma missão de remoção quando os combatentes do ISIS começaram a atacá-lo com disparos automáticos. Após uma missão prolongada, os Rangers estavam com poucos recursos e sem cobertura aérea. Já estava escurecendo, então nós precisávamos destruir os combatentes do ISIS o quanto antes, ou logo se espalharia a notícia de que as forças norte-americanas estavam em apuros, o que permitiria que o ISIS mobilizasse reforços em toda a região.

Voando em velocidade máxima, já estávamos sobrevoando o local em poucos minutos, e começamos a nos coordenar com os Rangers. Pelo rádio, eles solicitaram ataques imediatos a vários locais onde as metralhadoras do ISIS estavam posicionadas. Assim que encontramos os alvos, meu parceiro e eu começamos a lançar bombas de 225 kg guiadas por GPS – cada uma delas destruindo ninhos de metralhadoras individuais. Isso permitiu que as tropas começassem a manobrar lentamente ao redor do inimigo. Em pouco tempo já não tínhamos mais bombas e, como os atiradores de elite inimigos ainda estavam atacando os Rangers, recorremos aos nossos foguetes guiados a laser – uma das armas mais recentes do nosso inventário.

Os foguetes guiados a laser, originalmente projetados para helicópteros, tinham acabado de ser aprovados para uso em caças, e nós fomos um dos primeiros esquadrões a usá-los. Na verdade, grande parte dos pilotos nem sequer tinha ouvido falar deles até a metade do nosso treinamento para o combate, quando anunciaram que haveria centenas deles à nossa espera assim que fôssemos enviados. Isso gerou uma correria para aprender a usá--los. Nossos aviônicos não tinham a capacidade de carregá-los no sistema da aeronave – tivemos de enganar o computador do jato, carregando-os nos aviônicos como bombas antigas e não guiadas. Os foguetes, no entanto, eram únicos, pois, uma vez disparados, podiam ser continuamente guiados por um laser a bordo da aeronave. Associados aos nossos designadores de alvo, que nos permitiam dar um zoom em alvos a quilômetros de distância, eles produziam uma combinação letal, perfeita para lutar contra inimigo no Afeganistão.

Comecei a usar os foguetes a laser – para cada disparo, eu mergulhava na direção do alvo, apertava o botão vermelho de liberação da arma (conhecido como *pickle button*) e observava o foguete sair da minha asa. Em seguida, eu saía do mergulho e guiava o foguete até o alvo usando um cursor no manete. Chamávamos os foguetes de "aplicadores de pregos"; quase sempre atingiam o alvo, que chamávamos de *barraca*.

A essa altura, o sol estava se pondo, transformando a atmosfera empoei-rada em um vermelho profundo e nebuloso. Uma tempestade começava a se formar, com bolsões de nuvens densas e de baixa altitude que se fundiam dentro do vale em que fazíamos nossa operação. Isso, somado às montanhas de três mil pés que nos cercavam, criava uma paisagem estranha, sobrena-tural. Depois de vários disparos de foguetes, minha aeronave se resumia a uma Remington, já que a única arma que me restava era a pistola – uma relíquia de uma era anterior que só usávamos como último recurso.

A utilização de armas inteligentes segue procedimentos rigorosos e, como piloto, sua principal preocupação é gerenciar os sistemas, assegurando que todas as inúmeras verificações para o uso das armas sejam cumpridas. Embora exija muita concentração e habilidade, pilotar não é especialmente

LIÇÕES APRENDIDAS 71

desafiador. A arma, no entanto, exige habilidades de manche e de leme direcional – mais do que qualquer outra manobra. É necessário aproximar-se do inimigo próximo ao solo implacável e, em seguida, ter uma certa noção do jato para que você possa girar e disparar uma rajada precisa. Há também uma quantidade surpreendente de teoria e matemática por trás da tática, o que a torna uma das habilidades mais difíceis de serem dominadas. Para se tornar bom no *strafing*, o disparo da metralhadora, o piloto precisa desenvolver um profundo conhecimento teórico da tática, para que consiga levar em conta as mudanças nas condições do ar com rapidez. Ele precisa transformar esse conhecimento em intuição de voo, para que se torne um recurso automático quando necessário.

Lembro que fiquei perdido na minha primeira aula teórica sobre *strafing* e lançamento de bombas não guiadas. Eu achava que seria como usar uma arma de fogo: você aponta para o alvo e aperta o gatilho. No entanto, devido à velocidade em que voamos, a geometria envolvida é bem mais complexa. Não só tínhamos que levar em consideração a trajetória das balas que disparávamos, como também nosso próprio ângulo de mergulho e velocidade, que muitas vezes se aproximava de 960 km/h. E atirar as balas no alvo é apenas metade do processo; a outra metade consiste em sair do mergulho com segurança, o que geralmente nos deixa a apenas cem pés de altitude. Cada arma que carregávamos possuía um funil de disparo diferente, e tínhamos de voar com precisão para utilizá-las. Se o ângulo de mergulho fosse muito acentuado, acabaríamos ficando numa altitude muito elevada para sermos eficazes, e também teríamos dificuldade para sair do mergulho. Se o ângulo fosse muito raso, ficaríamos baixo demais e poderíamos nos chocar contra o chão. Mesmo se ajustássemos o ângulo perfeitamente, poderíamos estar no que é conhecido como *equilíbrio de alto ou baixo risco*, o que comprometeria a passagem – ou seja, precisaríamos compensar o ângulo de mergulho original. E considerando que balas ou bombas estavam sendo disparadas de nossas aeronaves em direção ao chão, tínhamos também de levar em conta a mudança na relação entre nossas aeronaves voando em linha reta e suas armas, que começariam a arquear imediatamente.

Depois que a minha turma entendeu bem os conceitos, começamos a aprender alguns processos cognitivos, conhecidos como *heurística*, que nos permitiam configurar rapidamente os parâmetros corretos. Um dos mais úteis foi um conceito conhecido como *códigos de capota*. Ao voar perpendicularmente em direção a um alvo, podíamos esperar até que um ponto específico da capota estivesse alinhado ao objeto de destruição para fazer a rolagem. Isso nos permitia definir o ângulo perfeitamente, independentemente de nossa altitude ou distância. Era uma ótima técnica; no entanto, a capota do F-16 dificultava o aprendizado quando comparada a outras aeronaves.

Uma das melhores características do F-16 é sua capota em forma de bolha – ela proporciona uma visão de quase 360 graus para o piloto. É uma visão tão boa que, quando voamos, não dizemos que estamos presos à aeronave, mas sim que somos o jato, porque a capota nos dá a ilusão de estarmos pairando no ar. A desvantagem é que não há nenhuma marca física nela que sirva de referência – é preciso prever onde elas estariam. Quando éramos estudantes, às vezes desenhávamos marcas na capota com um giz de cera. Depois usávamos nossas mãos estendidas para medir a distância do alvo até a parte inferior da capota – para minha altura sentado, era um pouco mais do que um punho e um polegar acima da grade da capota. Mas, depois de centenas de vezes, o *strafing* passou a ser automático. Com os conhecimentos teóricos, a *heurística* e a prática, nós criamos um entendimento interconectado que se tornou uma extensão de nossos instintos, a ponto de não precisarmos pensar nisso.

AFEGANISTÃO

Estava escurecendo, e eu comecei a ver os flashes das armas dos combatentes do ISIS enquanto eles continuavam a disparar contra os Rangers. Mergulhei em uma altitude mais baixa e estreitei minha órbita em torno do alvo. As nuvens agora estavam se tornando uma variável. Eu estava no meio de um vale, com montanhas que se erguiam bem acima de mim pelos dois lados – se eu entrasse em uma nuvem, poderia facilmente acabar atingindo a lateral de uma das montanha. Com isso, em vez de traçar uma órbita estável, eu precisava manobrar ao redor das nuvens densas – subindo e descendo enquanto mudava constantemente minha distância do alvo. Desde que vi o

LIÇÕES APRENDIDAS | **73**

primeiro clarão do cano de uma arma, não tirei os olhos do inimigo – não queria perdê-los de vista atrás da fileira de árvores que eles usavam para se esconder. Por isso não dava para alinhar os sensores do F-16 em direção ao alvo – essa seria uma passagem totalmente manual, contando com os instintos de voo que eu havia desenvolvido ao longo dos anos.

Voando mais baixo, pude ver que, além das montanhas em ambos os lados, havia um terreno em aclive logo após o alvo. Depois de disparar a metralhadora, eu estaria com o jato voltado em direção a uma das montanhas e precisaria passar por um buraco do tamanho de uma agulha entre os cumes. Embora o F-16 seja um dos caças com o melhor voo em curva do mundo, sua alta velocidade faz com que a trajetória de voo seja como um arco pelo céu, e não como uma curva fechada que um carro faria. Ou seja, ao pilotar o Viper, é preciso prever com bastante antecedência onde a aeronave vai estar; caso contrário, você pode colidir contra o solo.

Eu não tive tempo de calcular a geometria e, mesmo que tivesse, ela não seria suficientemente precisa devido à complexidade e à dinâmica da situação. Eu teria de calcular, por exemplo, o raio da minha curva para garantir que conseguiria passar pelas montanhas, mas eu não teria essa informação disponível sem um levantamento visual detalhado. A heurística por si só também não teria funcionado – o alvo estava numa altitude elevada, o que significa que o desempenho do motor do jato durante a curva seria reduzido. Meu nível de combustível estava baixo, o que deixava a aeronave mais leve e aumentava minha capacidade de manobra. Havia também fortes ventos contrários, que eu teria de compensar com meu ângulo de mergulho. Eu só tive as ferramentas necessárias para resolver o problema tático quando juntei o conhecimento teórico com a heurística e pratiquei a manobra várias vezes. O treinamento na Força Aérea me proporcionou a estrutura mental necessária para que tudo isso se tornasse intuitivo – eu podia visualizar na minha mente o caminho exato que precisava seguir para evitar as montanhas, e o quanto eu me aproximaria do terreno ao subir de volta à minha órbita.

Assim que eu me alinhei entre as montanhas, empurrei o acelerador para a pós-combustão em potência máxima, virando de cabeça para baixo enquanto direcionava o nariz da aeronave para o alvo até ele estar no meio do meu monitor de alertas. Simultaneamente, apertei um botão no acelerador que ativa o modo de *strafing* do jato e aciona o retículo de mira. Agora eu mergulhava em direção ao alvo, acelerando a mais de 800 km/h. Enquanto a distância diminuía depressa, alinhei o ponto central do retículo sobre o alvo. Assim que entrei na área de alcance do tiro, apertei o gatilho. Quase instantaneamente, a metralhadora Gatling de seis canos começou a sacudir violentamente o avião, embaçando tudo à minha frente devido à pressão em meus olhos. Eu estava disparando seis mil tiros por minuto em direção ao alvo – cada tiro era um projétil incendiário de 20mm com alto poder explosivo, que teria o efeito de uma pequena granada. Após uma rajada de vários segundos, soltei o gatilho e puxei a alavanca para trás. Senti a força-g me empurrando para dentro do assento enquanto observava o impacto dos projéteis ao longo da fileira de árvores. Voando diretamente acima do inimigo, eu pude ver que, além dos combatentes do ISIS na fileira de árvores, havia também duas fortificações com metralhadoras.

A elevação do terreno dificultou bastante a recuperação da aeronave – o solo tinha quase o mesmo ângulo da minha recuperação, ou seja, conforme subia, eu seguia mantendo a mesma distância em relação ao chão. Virei na direção da abertura na linha dos cumes e aumentei minha potência, sentindo a máscara pressionar meu rosto. Finalmente passei pela abertura, o paredão rochoso abaixo da minha aeronave diminuía rapidamente conforme eu voltava à minha órbita.

Pelo rádio, as tropas confirmaram que o meu ataque rasante com as metralhadoras havia sido bem-sucedido; eu havia eliminado os combatentes do meio, deixando apenas as fortificações com metralhadoras. Os Rangers, no entanto, ainda estavam sendo atacados, e solicitaram outro *strafing* imediatamente. Um minuto depois, eu voltei para o campo. Eu podia ver a intrincada linha de árvores com trincheiras embutidas protegendo os combatentes do ISIS. Assim que elas entraram na área de alcance, apertei o gatilho, ativando a arma e sacudindo o avião tão violentamente que o pó amarelo do isolamento interno da aeronave sujou todo meu ombro esquerdo. Soltei o gatilho e, logo em seguida, vi os projéteis destruindo o ninho de metralhadoras enquanto eu subia novamente pela abertura na linha dos cumes. Simultaneamente, o alarme de combustível do meu jato disparou e a palavra *BINGO* apareceu no meu monitor de alertas – eu estava com o mínimo de combustível para voltar ao avião-tanque.

Nossa corrida pelo Afeganistão havia queimado uma quantidade significativa do combustível. Nosso avião-tanque – especialmente projetado, que nos permite reabastecer no ar – enfim tinha nos alcançado e estabeleceu uma órbita a 80 quilômetros ao norte. Normalmente, pilotos de caça sempre viajam em equipe no intuito de ter apoio mútuo. Dessa forma, se alguma coisa acontecer, há outro piloto para dar assistência. Naquela ocasião, porém, como as tropas estavam sob ataque, eu já havia mandado meu parceiro de voo para o avião-tanque por conta própria – uma tática chamada *operação ioiô*, que nos permitiu manter uma cobertura contínua acima dos Rangers.

A essa altura, meu parceiro de voo já tinha reabastecido e ainda estava a dez minutos de distância do combate. Como o sol já estava abaixo da linha do horizonte, escurecia cada vez mais rápido do lado de fora. Normalmente, é possível fazer um *strafing* à noite – embora seja bem mais difícil com a complicação extra que é ver o mundo por meio dos óculos de visão noturna –, mas, devido ao terreno hostil e ao clima ruim, naquela noite seria impossível. Desprovido de bombas e foguetes, só havia tempo para um último *strafing*.

BINGO

No treinamento de pilotos, a lição é nunca alterar a configuração de combustível mínimo, conhecido como combustível bingo. Quando você chega nesse ponto, você deve voltar imediatamente para a base. Ao longo dos anos, muitos pilotos redefiniram esse valor apenas para esquecê-lo depois, ou calcularam errado e ficaram sem combustível. Aquela, no entanto, era uma situação mais complexa do que a do treinamento de pilotos. Éramos a única aeronave na estação, estávamos sem bombas e foguetes e, ao escurecer, logo não seríamos mais capazes de ajudar as tropas sob ataque.

Eu fazia parte da equipe avançada da missão, e havia voado para lá uma semana antes do restante do esquadrão. Nosso trabalho era preparar tudo para o início das missões, assim que o esquadrão chegasse. Um dos documentos que minha equipe havia criado era um "mapa bingo", para que, independentemente de onde o piloto estivesse no país, ele pudesse ver sem dificuldade quanto combustível ele precisaria para voltar para casa. Na hora de fazer os cálculos para o mapa, tivemos de fazer estimativas relacionadas à quantidade de armas que a aeronave poderia carregar, sua velocidade, a altitude do voo, a velocidade do vento e outros fatores. Como eu havia ajudado a fazer o mapa, eu sabia que ele era um pouco conservador e que, desde que eu voasse com um perfil agressivo de alcance máximo até o avião-tanque, teria combustível suficiente para um último disparo de metralhadora.

Tendo isso em mente, desliguei meu alarme bingo e avisei às tropas que faria uma última passagem. Ao iniciar a órbita, a escuridão estava começando a dificultar a visão. O *strafing* teria sido muito perigoso se essa fosse minha primeira tentativa, mas como já havia feito duas vezes o disparo, eu sabia o que esperar. Quando iniciei o mergulho, vi os disparos vindos do ninho de metralhadora que restara – eles estavam mirando minha aeronave. Embora os combatentes do ISIS provavelmente estivessem equipados apenas com armas pequenas e granadas disparadas por foguetes – o que classificamos como uma ameaça baixa –, sempre existe o risco de um projétil atingir alguma parte crucial da aeronave e derrubá-la. Especialmente naquele momento em que meu jato estava apontado na direção dele e encurtando a distância entre nós.

Ao contrário de aeronaves como o A-10, que possui blindagem que protege o piloto e outras partes críticas da aeronave, a sobrevivência do F-16 depende inteiramente de sua velocidade e capacidade de manobra. O caça foi construído para ser o mais leve possível, o que significa que foi preciso sacrificar qualquer excesso de peso, inclusive a blindagem. É uma troca eficaz para os *dogfights* e para os disparos de mísseis a partir de uma boa altitude; no entanto, a proteção da aeronave não é adequada para voos próximos ao solo, onde qualquer pessoa com um rifle pode ter sorte e acertar um tiro. Na verdade, um ano antes da chegada do meu esquadrão, um caça talibã sortudo atingiu um míssil na asa de um F-16. O caça pegou fogo e precisou fazer uma guinagem extrema. Felizmente, o sistema de segurança do míssil impediu que ele detonasse; no entanto, foi um belo alerta de que mesmo uma pequena bala – conhecida pelos pilotos de caça como "bala dourada" – pode derrubar uma aeronave inteira.

À medida que a linha cinza das árvores ia ficando mais nítida da minha capota, comecei a distinguir o ninho da metralhadora de onde vinham os disparos. Alinhei meu retículo de mira na origem dos tiros e puxei o gatilho. A arma mais uma vez ganhou vida ao disparar os projéteis para baixo. Logo em seguida, vi as explosões no ninho do inimigo enquanto cada projétil era detonado, criando um campo de fogo. Mantive o gatilho pressionado até que o tremor dentro do jato parou, sinalizando o fim da munição – eu agora estava sem armas a bordo da aeronave. Puxei o manche com força para trás, abrindo caminho pela fenda na montanha. Dessa vez, mantive-me baixo, voando a menos de mil pés, enquanto acelerava em um perfil de voo de conservação de combustível. Quando atingi 500 nós, ou 925 km/h, subi rapidamente no ar, em um movimento chamado de *gancho aéreo*, em direção ao avião-tanque. Pelo rádio, pude ouvir o controlador dizer: "Bons disparos, bons disparos! Eles pararam com o fogo."

RED FLAG

Quando pilotamos um caça, não há tempo para pensar em todas as decisões que precisam ser tomadas. O voo é tão complexo e a velocidade é tamanha que a maior parte do processo de tomada de decisão tem de ser instintiva. Isso é muito desafiador, porque pilotar um jato é uma experiência muito diferente da vida cotidiana. Ninguém nasce um bom piloto. Na verdade, a maioria dos pilotos de caça chega ao treinamento sem nenhuma experiência de voo. Isso quer dizer que seus instintos devem ser desenvolvidos em tempo recorde a partir do zero antes que eles sejam convocados a colocá-los em prática numa missão real. É um equilíbrio delicado entre habilidades e riscos para garantir que tenhamos os pilotos de caça mais capazes do mundo.

Um dos momentos decisivos para os pilotos de caça dos Estados Unidos foi a aplicação de um exercício de treinamento chamado Red Flag. O Red Flag surgiu por causa da Guerra do Vietnã, em que o número de pilotos de caça abatidos era inaceitavelmente alto. A Força Aérea dos Estados Unidos

78 | A ARTE DE PENSAR COM CLAREZA

deu início a uma série de estudos secretos, denominados Projeto Barão Vermelho, em homenagem ao famoso ás da Primeira Guerra Mundial. Os resultados do Projeto, revelados somente em 2001, mostraram que os pilotos norte-americanos estavam sendo mal treinados. Eles identificaram que os líderes seniores, por medo de causar acidentes, restringiram muito os tipos de missões de treinamento que os pilotos realizavam. Isso fazia com que eles fossem obrigados a pilotar os mesmos roteiros de voo repetidas vezes, atrofiando sua capacidade de tomar decisões. No Vietnã, muitos tiveram dificuldade para se adaptar à natureza dinâmica do combate aéreo. Os problemas especialmente graves aconteciam com os pilotos antes de completarem suas primeiras dez missões de combate. Depois dessas dez, a taxa de sobrevivência aumentava consideravelmente. O Red Flag, portanto, foi criado no intuito de prover aos pilotos um treinamento realista, para que eles pudessem recuperar a capacidade de tomar decisões certeiras durante a confusão e as turbulências da guerra.

Pilotos de todo o país se reuniam na Base Aérea de Nellis, em Las Vegas, para treinar no remoto deserto de Nevada. Lá, eles tinham a chance de treinar em missões realistas, preenchendo a lacuna entre o treinamento diário e as complexidades que envolvem estar de fato em uma guerra. Com o passar dos anos, o Red Flag acabou se tornando a principal rotina de exercícios de combate da Força Aérea. Esquadrões agressores foram desenvolvidos para reproduzir as táticas do inimigo, e equipamentos inimigos capturados foram utilizados para deixar tudo ainda mais realista. Após o término das missões, elas eram reproduzidas digitalmente para que os pilotos pudessem ver onde podiam melhorar. O sucesso foi tão grande que a prática se tornou uma atividade permanente, realizada várias vezes por ano, deixando de ser um exercício exclusivo da Força Aérea para se tornar uma atividade em todos os ramos militares, assim como em muitos outros países, e agora é considerado o exercício de treinamento mais abrangente do mundo.

Na primeira vez em que participei de um Red Flag eu já pilotava o F-16 há vários anos. Meu esquadrão decolou da Costa Leste e atravessou o país, reabastecendo várias vezes em um avião-tanque no caminho. Na altura da Base da Força Aérea de Nellis, olhei para baixo e vi outras centenas de aeronaves, de vários modelos e tamanhos, as asas encostando umas nas outras, cobrindo toda a base. Era uma cena caótica, parecia o estacionamento de um shopping na véspera de Natal, só que com algumas das aeronaves mais avançadas do mundo. Depois do pouso, recebemos instruções pelo rádio para estacionar e atravessamos o congestionamento de aeronaves e suas equipes de mantenedores que se preparavam para o próximo exercício.

Nas semanas seguintes, voamos em dezenas de missões de combate simuladas. Foi uma experiência incrível fazer parte de um treinamento do mais alto nível. Era um laboratório de aprendizado, onde nenhum gasto foi poupado para nos transformar nos melhores pilotos de caça. Em meio aos pilotos mais jovens como eu, havia veteranos, com décadas de experiência à frente de caças. Os voos em si eram impressionantes: apesar de já pilotar o F-16 há vários anos, a complexidade de atuar com uma equipe tão grande contra grupos de adversários bem preparados e em suas bases foi bastante desafiador. Os relatórios de avaliação que se seguiam após as missões eram igualmente desafiadores. Embora só voássemos por cerca de uma hora e meia, nós passávamos as oito horas seguintes analisando as missões, observando tudo o que poderia ser melhorado. Nas missões noturnas, isso muitas vezes significava deixar as instalações protegidas e sem janelas, com o sol já bem acima do horizonte. Acima de tudo, aprendemos a ser humildes – se aquilo fosse um cenário de combate real, eu teria morrido várias vezes.

Ao longo dos anos, tive a chance de participar de vários exercícios semelhantes. Cada um deles tinha uma dificuldade e, à medida que minhas habilidades aumentavam, eu adquiria mais responsabilidades. Depois de aprender a voar como copiloto, fui promovido a líder de voo, e fiquei encarregado de quatro aeronaves F-16. Em seguida, tornei-me líder de equipe, em que era responsável pelo planejamento de uma parte da missão ao mesmo tempo que liderava algumas dezenas de aeronaves. Por fim, tornei-me o comandante da missão, encarregado de planejar e liderar toda a missão, composta por quase cem aeronaves.

Uma das missões mais marcantes foi o resgate de um piloto que teve o caça abatido no dia anterior. Como comandante-geral, era minha função liderar uma centena de outros pilotos, além do pessoal de apoio, para desenvolver um plano de resgate do piloto abatido. Tudo, da sequência de taxiamento e reabastecimento no ar até as táticas e a retirada, tinha de ser planejado nos mínimos detalhes, assim como os planos de contingência caso algo desse errado.

No dia da missão, eu era o primeiro caça no ar e, nos trinta minutos seguintes, as aeronaves decolaram da base num ritmo contínuo, para que pudéssemos acumular o poder de fogo necessário e entrar a fundo no território inimigo, protegendo os helicópteros enquanto eles se dirigiam para resgatar o piloto.

Nenhum plano sobrevive ao primeiro contato com o inimigo – nossas frequências de rádio estavam sendo bloqueadas, o que dificultava a comunicação com o piloto abatido. Isso fez com que demorássemos a localizá-lo com precisão – e por causa dessa demora, nosso combustível queimou feito água.

Por fim, chegamos a um ponto em que precisávamos colocar o plano em execução; caso contrário, os F-22 – meus caças com mísseis ar-ar mais eficientes – não conseguiriam permanecer no local durante toda a missão. Porém, ainda não havíamos localizado o piloto abatido, ou seja, se resolvêssemos prosseguir com a missão, haveria bastante risco e incerteza. Isso me dava três opções: executá-la, na expectativa de que encontrássemos o piloto abatido no caminho; continuar esperando e perder a cobertura dos F-22 no final da missão; ou abortar a missão.

Como comandante, eu era o responsável pela decisão. Na verdade, havia apenas duas opções viáveis – seguir ou abortar. Estar com uma cobertura aérea apenas parcial resultaria no fracasso da missão caso o inimigo enviasse uma força de combate considerável, como nossa inteligência esperava. Optei por ser agressivo e executar a missão. Com isso, avançamos em direção ao território inimigo. Os F-22 começaram imediatamente a atacar e abater os caças inimigos, enquanto os F-16 que eu liderava destruíam as bases de mísseis terra-ar. O restante dos caças e os bombardeiros B-2 Stealth, que sobrevoaram o país por mais de cinco horas para participar da missão, atingiram alvos importantes, acabando com a capacidade do inimigo de se comunicar e controlar suas forças.

Nesse meio-tempo, os helicópteros iam avançando lentamente pelo território inimigo, tentando entrar em contato com o piloto abatido. Contudo, além de os rádios estarem bloqueados, a baixa altitude dificultava a captação do sinalizador que o piloto carregava. Isso fez com que os helicópteros saíssem um pouco de suas rotas para resgatar o piloto. Quando o localizaram, já estavam dez minutos atrasados em relação ao cronograma.

Por fim, os helicópteros pegaram o piloto e começaram a retornar com calma. Os F-22, no entanto, logo atingiram o limite de combustível e foram forçados a voltar para a base. Apesar do esforço e da bravura dos meus caças restantes, uma aeronave inimiga conseguiu passar por nossas defesas e abater um dos helicópteros.

Como comandante da missão, eu não havia conseguido resgatar o piloto abatido. Além disso, agora havia mais pessoas da equipe em território inimigo, criando um problema ainda maior para as missões seguintes. Após o término do voo, minha função era orientar as centenas de pessoas que haviam participado do exercício sobre todas as decisões que eu havia tomado e o que poderia ser melhorado. Nesse caso, houve várias decisões ruins que se acumularam umas sobre as outras e causaram o fracasso da missão. Primeiro, eu deveria ter alocado uma formação de aeronaves para voar a uma altitude maior e tentar contatar o piloto abatido. Isso teria evitado muitos dos problemas de comunicação que os helicópteros enfrentaram em baixa altitude. Em segundo lugar, eu deveria ter dado uma margem maior de tempo para que os helicópteros buscassem o piloto abatido. Eu havia planejado o tempo com base no fato de que tudo daria certo. No entanto, se eu tivesse estudado missões semelhantes no passado, teria visto que geralmente ocorre um atraso de 10% a 15% do tempo calculado. Por fim, optei por executar a missão mesmo sem ter conseguido contato com o piloto abatido. Isso excedeu o nível de risco aceitável para a missão – nosso objetivo era resgatar um integrante da equipe, não deixar mais pessoas no campo de batalha. Assim que os F-22 atingiram seu combustível bingo, eu deveria ter abortado a missão.

Essas experiências do Red Flag, bem como em outros exercícios de grande porte, ajudaram a aprimorar minhas tomadas de decisão em situações em que eu estava com dúvidas ou pressionado. Para cada missão, eu anotava as principais lições que havia aprendido em um caderninho que sempre carregava no bolso do meu macacão de voo. Antes de cada voo, eu revisava missões semelhantes e me esforçava para repetir o que havia acertado e não cometer os mesmos erros anteriores. Essa iteração contínua ajudou a desenvolver minha tomada de decisão a ponto de grande parte delas se tornar instintiva, permitindo que eu me concentrasse nas decisões de nível mais alto, sobre as quais eu não teria conseguido me antecipar. Como os criadores do Red Flag pretendiam, as missões me deram a oportunidade de aprender as lições em um ambiente de treinamento, de modo que, quando fui enviado para o combate, eu já tinha muitos ensinamentos no automático.

APLICAÇÃO

A fase **Selecionar** da Hélice ASE consiste em aprender como os problemas que estamos enfrentando se conectam aos nossos objetivos finais. Os seres humanos são naturalmente capazes de aprender; nosso superpoder não é a força, a velocidade nem o tamanho. A história de nossa evolução é notável por duas coisas: a primeira é o declínio de nossa força ao longo dos anos, e a segunda é o crescimento de nosso cérebro tanto em tamanho quanto em complexidade. Hoje, nosso cérebro é quase sete vezes maior do que o de um mamífero de tamanho semelhante. Mesmo em relação a outros primatas, que têm o cérebro acondicionado de maneira mais eficiente, o nosso é ainda três vezes maior do que o esperado. De certa forma, a natureza apostou tudo na otimização do nosso cérebro em detrimento do restante.

Nosso cérebro é mil vez mais poderoso se comparado ao de outros animais; no entanto, nossa inteligência bruta é apenas parte da história. É nossa capacidade de sistematizar aprendizados e, em seguida, compartilhar essas informações por toda a nossa rede que nos permitiu ir além de nossa biologia. Isso fez com que nos especializássemos e nos tornássemos experientes. No passado, a especialização se dava entre as tribos. Por não precisarmos mais fazer tudo o que era necessário para a sobrevivência, podíamos dedicar algum tempo à inovação. Essas primeiras sementes de inovação resultaram em um crescimento do conhecimento humano, que se acumulou com o passar dos anos. Hoje, não estamos fabricando ferramentas que são dez vezes melhores do que as feitas por outros animais; estamos fabricando ferramentas que são milhões de vezes melhores – satélites, aeronaves furtivas e dispositivos de realidade aumentada são incompreensivelmente avançados em comparação com as ferramentas e a tecnologia usadas pelo restante do reino animal.

O foco dos últimos cinquenta anos, no ofício de pilotos de caça, tem sido entender como aproveitar esse superpoder para aprender mais do que nossos adversários. Por mais que nosso cérebro seja uma máquina de aprendizado fantástica, a maneira como transformamos nossas experiências em aprendizados ainda pode ser muito aprimorada. Por meio do combate e de exercícios como o Red Flag, tivemos a oportunidade de desenvolver alguns fundamentos para repassar informações que fossem práticas e que pudessem ser logo lembradas em um ambiente dinâmico.

Para ajudar a ilustrar as etapas do processo, vou compartilhar uma história de uma transição importante que ocorreu na Força Aérea dos Estados Unidos. Em 2017, o F-35 estava finalmente pronto para passar de uma aeronave de teste de pré-produção para uma plataforma totalmente pronta para o combate. Até então, apenas pilotos altamente experientes que haviam pilotado outro caça – como o F-16, o F-15, o A-10 e o F-22 – eram elegíveis para pilotá-lo. Entretanto, com o aumento da produção, era importante trazer novos pilotos que pudessem dar continuidade ao programa quando os mais experientes se aposentassem.

Como o projeto do F-35 era bem diferente em relação aos projetos de caças anteriores, o treinamento para novos pilotos precisou ser desenvolvido do zero. Por outro lado, todos os pilotos instrutores experientes que estavam desenvolvendo o treinamento vinham de aeronaves de combate diferentes, cada um com a própria cultura, que priorizava aspectos diferentes daquilo que torna um piloto de combate excepcional. Os riscos eram altos – esperava-se que o programa F-35 fosse o programa de armas mais caro da história, com um custo de mais de US$ 1,5 trilhão, e que se tornasse a espinha dorsal do poder aéreo dos EUA nas próximas décadas. Era uma oportunidade extraordinária, que nunca havia ocorrido nessa escala em toda a história do combate aéreo. A principal questão era: como fazer os pilotos terem a maior qualificação possível no menor tempo possível, considerando nossas restrições de recursos?

Da mesma forma que planejamos missões, nós começamos a partir do objetivo final e trabalhamos de trás para a frente. Para os alunos recém-saídos do treinamento de pilotos, queríamos um parceiro de voo de um F-35 que pudesse sobreviver e ter um bom desempenho contra adversários complexos até a década de 2030. Para os pilotos veteranos de caças, queríamos preservar sua valiosa experiência e, ao mesmo tempo, atualizar sua compreensão do combate aéreo, levando em conta as mudanças revolucionárias que vieram com o F-35. Para isso, utilizamos vários fundamentos de ensino e aprendizagem. Embora esses fundamentos tenham sido desenvolvidos para o treinamento de pilotos de caça, seu alcance vai além da aviação e pode ser adaptado para muitas outras áreas.

1. Conceitos acima de fatos

Aprender está relacionado à capacidade de prever o futuro. Entender a relação de causa e efeito do mundo ao nosso redor nos permite tomar decisões com maior probabilidade de atingir nossos objetivos. Assim podemos avaliar rapidamente tudo a nossa volta, selecionar a solução correta e, em seguida, executá-la.

Contar com uma estrutura mental robusta, que consiga acomodar muitos cenários diferentes, é difícil e vai além da simples memorização de fatos. Há muitas pessoas inteligentes, com boa formação e capazes de memorizar grandes quantidades de informações e inúmeros fatos, mas que não possuem uma compreensão ampla das consequências de suas decisões. Muitas delas são bastante capazes, mas apenas sob um conjunto restrito de condições. Elas não possuem a capacidade de pensar com lucidez, algo muito mais valioso no mundo real do que a inteligência bruta. Quando as condições com as quais estão acostumadas sofrem alterações, mesmo por um valor ínfimo, elas geralmente tomam decisões impressionantemente erradas.

O combate, entretanto, é um dos ambientes mais dinâmicos e desafiadores do mundo. Muitos países dedicam uma enorme quantidade de recursos e talentos a fim de enfrentar seus adversários. Qualquer fraqueza detectada torna-se um alvo, muitas vezes a partir de um eixo assimétrico. Como pilotos de caça, podemos sofrer ataques pelo ar, mas também podemos ser atacados por mísseis terrestres, interferência eletrônica, ataques cibernéticos ou até mesmo por franco-atiradores inimigos ou dispositivos explosivos improvisados antes mesmo de chegarmos à cabine de comando. Em uma de minhas missões, fomos informados de que um país que representava ameaça tinha dossiês de cada piloto de caça estacionado na área e, se uma guerra começasse, provavelmente seríamos alvo.

Para produzir pensadores dinâmicos e flexíveis, precisávamos começar construindo uma estrutura mental robusta, constituída de conceitos gerais e reforçada com lições aprendidas por meio da experiência. Em seguida, aos poucos acrescentamos informações mais detalhadas, mas somente quando elas serviam de apoio à estrutura geral.

Um dos problemas que tivemos foi que as aeronaves de combate modernas são muito complexas – o F-35 tem mais de oito milhões de linhas de programação, e milhares de listas de comandos e configurações aviônicas diferentes, o que significa que os pilotos tinham, mais do que nunca, muito a aprender. A tendência natural era ensiná-los utilizando métodos tradicionais – aulas, leituras e testes – que, embora representassem a maneira mais rápida de transmitir o conhecimento, não os capacitaria a lembrar as informações relevantes a tempo de solucionarem problemas complexos. Era necessário que as informações se tornassem uma parte intuitiva do processo de raciocínio deles.

Para isso, priorizamos conceitos em vez de fatos – em todas as oportunidades, enfatizávamos que deveriam entender a fundo a interação dos diferentes sistemas, pois tinham relação direta com as decisões que teriam de tomar. Por exemplo, os alunos não precisavam saber a terminologia específica nem os números exatos associados ao sistema de mísseis do inimigo, mas precisavam entender as possíveis formas de suas aeronaves serem alvos e as medidas que precisariam tomar para se defenderem. As informações só eram úteis se pudessem ser aplicadas para aperfeiçoar e agilizar as decisões. Embora os números e a terminologia mudem com frequência, os conceitos costumam evoluir de maneira muito mais lenta.

Uma boa maneira de visualizar esse método de aprendizado é imaginar uma árvore. As árvores começam com um tronco que aos poucos se divide em galhos cada vez mais finos. Por fim, na extremidade dos galhos menores estão as folhas. As folhas que não estão presas caem no chão e são inúteis para a árvore. Em nosso modelo de aprendizagem, as folhas eram os fatos, ou pedaços de informação, enquanto o tronco e os galhos representavam os conceitos. Cada fato estava necessariamente ligado a um conceito. Nós não queríamos alunos que fossem apenas bons em testes de múltipla escolha; queríamos que eles usassem as informações disponíveis para se tornarem os melhores pilotos possíveis.

Reunindo as principais técnicas de treinamento de cada comunidade de pilotos de caça, nós conseguimos implementar os princípios fundamentais para um melhor aprendizado. O primeiro deles foi estabelecer o *porquê* das informações estarem sendo ensinadas. Isso serviu para reunir todas as informações aprendidas pelos alunos em uma única estrutura mental sobreposta. Em cada atividade, nós exigíamos dos alunos uma justificativa para ela estar sendo proposta. Não queríamos que fosse nada genérico, portanto, sempre que possível, recebíamos instrutores que compartilhavam as próprias histórias de como eles haviam usado conceitos semelhantes em combate.

Também incentivávamos os alunos a se manifestarem e questionarem a relevância das informações quando eles não soubessem como aquilo poderia se aplicar a eles. Embora a maioria das pessoas provavelmente já tenha passado por situações em que o questionamento era desencorajado, essa é uma cultura que promove a conformidade em vez da compreensão. Queríamos pilotos de caça que pensassem por conta própria.

A incerteza do combate destrói até mesmo os planos mais bem elaborados e, para que os pilotos de caça tivessem sucesso em suas missões, eles precisavam questionar ordens que não fizessem sentido. O fato de os alunos perguntarem a razão das aulas também era uma forma de feedback para os instrutores, que com isso entendiam os pontos fracos de suas aulas e podiam melhorá-las. Foi uma mudança de comportamento que acabou fazendo uma diferença significativa no aprendizado dos alunos.

Em cada aula, foram estabelecidos objetivos para se chegar ao motivo de aquilo estar sendo ensinado. O número de objetivos dependia da atividade; no entanto, descobrimos que cinco era o número ideal – mais do que cinco podia ser uma quantidade excessiva de se acompanhar, enquanto menos do que cinco não era abrangente o bastante. Os objetivos consistiam em metas específicas, que poderiam ser classificadas posteriormente como sucesso ou fracasso. Isso garantia a responsabilização e fornecia um ponto de partida para as reuniões de avaliação após o término da atividade. Os objetivos que eram específicos e mensuráveis eram os melhores; mas, nem todos se encaixavam nesse modelo, o que não era um problema – a meta era chegar no porquê, e não somente em algo que fosse de fácil avaliação. Para os objetivos menos específicos, os instrutores precisavam fazer uso de sua experiência para serem capazes de julgá-los. Embora a princípio isso reduzisse a padronização, em última análise, permitia que uma solução muito mais personalizada fosse aplicada a cada aluno, resultando numa curva de aprendizado mais rápida.

2. O treinamento centrado no aluno

As pessoas têm origens diversas, e cada uma tem uma visão diferente de como o mundo funciona. Após décadas aprendendo e desenvolvendo-se, cada pessoa enxerga o mundo de uma forma diferente. Para que os alunos tenham uma estrutura mental interconectada e sobreposta, o instrutor deve vincular novos conceitos ao entendimento atual de cada um, e não o contrário. A maioria das pessoas quer aprender e, geralmente, quando um aluno não consegue entender um conceito, a culpa é do sistema. Isso fez com que personalizássemos o programa de treinamento para cada um de nossos alunos e o atualizássemos com base no progresso individual. Muitos de nossos alunos já pilotavam outros modelos de caça, então já possuíam níveis variados de habilidade para as missões que estávamos ensinando. No entanto, às vezes isso era prejudicial porque as habilidades adquiridas num caça anterior poderiam não se adequar no F-35. Nesses casos, era necessário dedicar mais tempo à eliminação desses vícios do que ao treinamento de um piloto menos experiente.

Nossa abordagem de ensino foi dividida em três etapas: primeiro, criamos um programa de estudos personalizado com base na experiência dos alunos, o que garantiu que os nossos recursos limitados estariam sendo usados em áreas que trariam o maior resultado. Depois reduzimos o tamanho das turmas, para que os instrutores dedicassem mais tempo a cada aluno, fazendo com que compreendessem o conceito ensinado. Nada é gratuito em um ambiente com recursos limitados, portanto, reduzimos o número total de atividades em grupo e passamos a fazer uso do software de aprendizagem para o material mais básico. Por fim, agrupamos os alunos com base em suas experiências anteriores. Os alunos que haviam pilotado o mesmo tipo de aeronave geralmente compartilhavam conhecimentos semelhantes, o que ajudava o instrutor a ensinar vários alunos de uma vez.

Muitos métodos tradicionais não levam em consideração o fato de que as pessoas não são apenas receptoras passivas de conhecimento, e sim parte do próprio processo de aprendizagem. Em vez de um modelo de palestra, no qual os instrutores falam por horas a fio, buscamos um modelo de conversação que criasse um ambiente de aprendizado dinâmico. Não precisávamos que os alunos repetissem mecanicamente as respostas do guia de estudo no fim do curso; precisávamos que fossem capazes de aplicar os princípios que estavam sendo ensinados durante o combate. Por isso nós não focávamos na memorização – ela não estimulava os alunos a fazer novas conexões e a resolver problemas de forma criativa. A memorização é um modelo de aprendizado convergente, que induz as pessoas a encontrar uma resposta "certa". Isso vai contra o mundo real, no qual raramente há uma única resposta certa, mas sim várias boas soluções com vários custos e benefícios, e que se desdobram em efeitos de segunda e terceira ordem bastante diferentes. Por exemplo, no passado, os pilotos eram submetidos aos chamados *testes de procedimentos de ação crítica* em que tinham de escrever à mão e de cor procedimentos de emergência importantes. A ênfase na memorização era tamanha que uma palavra soletrada errada ou até mesmo um ponto fora do lugar impediam o piloto de voar. Era uma forma ultrapassada de testar a recuperação de informações – a pontuação não tem nenhuma relação com a capacidade de executar a ação de emergência no ar. Portanto, nós nos livramos desses e de outros testes de dezenas de outras disciplinas em que a memorização não servia a um propósito necessário e vital. Isso significou eliminar tradições de longa data, como a memorização dos limites operacionais do motor, que, antes das leituras digitais, era importante memorizar. No entanto, as aeronaves modernas exibem as informações de forma diferente para os pilotos – os computadores de voo exibem a aeronave em verde se tudo estiver funcionando bem, em amarelo se houver um pequeno problema e em vermelho se houver um problema crítico; mostra também todas as informações relevantes sobre a saúde da aeronave. Em vez de memorizar números, precisávamos que os pilotos usassem sua capacidade cognitiva extra para garantir que estivessem tomando as melhores decisões possíveis.

3. Orientar é mais eficaz do que avaliar

Em muitas áreas, os instrutores e professores se veem como guardiões e não como facilitadores do aprendizado dos alunos. Na comunidade dos pilotos de caça, descobrimos que, se não houver controle, o sistema adota esse comportamento como padrão, o que acaba resultando em pilotos menos capazes. Em vez de enxergar o treinamento como uma oportunidade de eliminar esse pilotos, nós partimos do princípio de que já estamos trabalhando com alunos talentosos e que poderiam concluir o treinamento. Nosso trabalho não era eliminá-los, e sim orientá-los em cada atividade de treinamento para que pudessem terminar o curso como os melhores pilotos possíveis.

Embora estivéssemos analisando os alunos em quase todos os quesitos do treinamento – algumas atividades tinham mais de cem parâmetros –, nossa intenção não era reprová-los nem repreendê-los, mas simplesmente para adaptar seu treinamento para o futuro. O treinamento de cada aluno era dinâmico, e estava relacionado ao seu desempenho – um aluno que se destacava numa determinada fase podia avançar e pular atividades de treinamento semelhantes, enquanto os que mostravam ter dificuldades recebiam repetições adicionais. Isso permitia que os alunos se concentrassem em se tornar os melhores pilotos de caça possíveis, em vez de apenas tentar passar no treinamento.

A chave para estabelecer esse princípio era tratar o fracasso do aluno como um fracasso do sistema. Sempre que um aluno não atendesse às expectativas, ele seria orientado sobre como poderia se sair melhor na próxima vez. Além disso, haveria uma reunião de avaliação somente para os instrutores, que discutiria o que o sistema e os instrutores poderiam ter feito melhor. Embora essa etapa possa parecer simples, na prática ela precisa ser reforçada continuamente por líderes fortes.

No fim das contas, ainda precisávamos garantir que os alunos estivessem seguros e que se tornariam pilotos capacitados; todavia, isso representava apenas uma fração do trabalho de um instrutor. Descobrimos que quase tudo pode ser orientado e corrigido se identificado com certa antecedência. Até mesmo atributos supostamente imateriais, como atitude, ética de trabalho e instinto de pilotagem, podem ser significativamente aprimorados se forem propriamente treinados.

4. Sempre avaliar quando a tecnologia pode potencializar seu treinamento

A tecnologia está em constante evolução, sempre abrindo portas para aumentar a eficácia e a eficiência do nosso aprendizado. O que descobrimos é que o treinamento virtual pode nos ensinar tanto quanto um voo real ou até mais. Durante anos, os simuladores nos ajudaram a preencher a lacuna entre a instrução acadêmica e o voo na aeronave real. Isso foi especialmente importante para o treinamento do F-35, porque, na época, sua operação custava quase US$ 50 mil por hora, o que significava que os voos para treinamento dos alunos era limitado. Os simuladores que tínhamos eram muito realistas – tinham o tamanho de uma casa de dois andares com um grande domo no meio. No centro, havia uma réplica exata da cabine. Projetores de última geração eram usados para exibir o mundo artificial no domo, criando uma visão de 360 graus para os pilotos. Até mesmo os capacetes de realidade aumentada de fibra de carbono avaliados em US$ 400 mil eram iguais aos que usávamos no caça real. Tudo isso era interligado, permitindo que formações de aeronaves lutassem contra ameaças criadas por uma inteligência artificial com capacidade para emular adversários reais. Os simuladores que tínhamos representavam o mais próximo que podíamos chegar de colocar um aluno em um avião de combate real. Como disse um general da Força Aérea quando os viu pela primeira vez: "Esses simuladores são um monumento à engenharia humana."

A desvantagem dos simuladores era serem extremamente caros – em alguns casos, custavam mais do que a aeronave real. Isso significava que apenas alguns poderiam ser construídos, e o gargalo de número de alunos para o número de simuladores era muitas vezes pior do que o da aeronave real. Às vezes, os alunos só tinham acesso a um simulador uma vez por semana e isso reduzia drasticamente o ritmo do treinamento. Percebemos que nossa busca por um simulador hiper-realista nos fez cair na armadilha comum de continuar a refinar uma tecnologia já aperfeiçoada sem questionar por que ela é necessária.

Na década de 1990, esses simuladores de última geração eram necessários porque nada inferior àquilo reproduziria o voo de maneira fiel o bastante. No entanto, a capacidade de computação progrediu exponencialmente ao longo dos anos, e um simulador da década de 1990 – que na época exigia um supercomputador para funcionar – agora pode ser executado num notebook. Embora ainda houvesse um lugar para esses simuladores de ponta, eles eram um exagero em boa parte do nosso treinamento. E como a tecnologia de simuladores segue uma lei de potência – a lei dos rendimentos decrescentes –, o custo de um simulador de ponta poderia bancar centenas de dispositivos de menor qualidade que ajudariam no treinamento dos alunos. O que precisávamos era de uma variedade de dispositivos que pudesse ser utilizada em diferentes aspectos do treinamento.

Nós começamos fornecendo aos novos alunos notebooks de alto desempenho, manches e aceleradores que imitavam os do F-35. É claro que os notebooks não chegavam perto dos simuladores de última geração, mas serviam a um propósito diferente: os alunos podiam usá-los para coisas simples, como ligar a aeronave, taxiar e fazer o treinamento do check-list. A vantagem era que os alunos sempre tinham acesso a eles. Nós até desenvolvemos um modelo de voo sem restrição de acesso para que eles pudessem levar para casa e praticar no tempo livre.

Uma vez que os alunos tinham posse de seus próprios simuladores de voo pessoal, começamos a incorporar mais das informações da sala de aula e do livro didático diretamente na simulação. Desenvolvemos um software

92 | A ARTE DE PENSAR COM CLAREZA

para transformá-la em um jogo com vários níveis, com o auxílio de um instrutor virtual para orientá-los nas manobras. Isso permitiu que, desde o início, eles mesclassem conceitos, experiências e informações em uma estrutura mental coesa. Por exemplo: ao aprender a realizar uma decolagem, o simulador fazia uma pausa e, em seguida, aumentava o zoom até um corte do motor, mostrando os principais pontos em que o motor poderia falhar. Depois, ele demonstrava como seria a aparência da cabine e executava os checklists necessários para a recuperação segura da aeronave. Era uma abordagem muito mais eficaz e integrada do que a enorme pilha de papel que os alunos tinham de memorizar no passado.

Fazendo a ponte entre os notebooks e os simuladores de última geração, os sistemas de realidade virtual criavam um ambiente de voo imersivo. Isso permitiu que os alunos praticassem manobras que exigiam mais sutileza, como pousos em chamas, que são difíceis de reproduzir numa tela de notebook. Também fizemos com que os instrutores voassem em missões reais do F-35 com câmeras de 360 graus acopladas à aeronave. Esses vídeos ficaram disponíveis para visualização em dispositivos de realidade virtual, fornecendo aos alunos exemplos de um instrutor experiente realizando a manobra corretamente. Sobreposições e textos eram incorporados aos vídeos, mostrando a verificação cruzada e as tomadas de decisão do instrutor em cada fase da manobra, a fim de melhorar ainda mais a compreensão dos alunos.

Nosso preceito de utilizar uma variedade de dispositivos deu aos alunos a oportunidade de aprender um novo conceito e praticá-lo quase simultaneamente. A mudança no desempenho foi tão significativa que tivemos de começar imediatamente a reescrever o programa de treinamento para que pudéssemos continuar a estimular os alunos. E isso também se estendeu a outros aspectos. Em vez das aulas tradicionais, reuníamos os alunos nas salas de aula para que aprendessem em seus notebooks e com os óculos de realidade aumentada, enquanto um instrutor era designado para participar e responder às perguntas. Esse método híbrido permitiu que os alunos aprendessem da forma que preferiam e em seu próprio ritmo, além de permitir que fizessem perguntas e participassem de discussões que não poderiam ter sido planejadas com antecedência.

LIÇÕES APRENDIDAS | 93

O uso da tecnologia na potencialização do treinamento precisa ser continuamente reavaliado. A tecnologia geralmente evolui exponencialmente; algo que antes não era muito adequado pode, em pouco tempo, se tornar útil. Isso não se aplica apenas aos pilotos – a maioria das áreas de atuação pode se beneficiar da visualização de dados aprimorada, do feedback personalizado e do treinamento simulado. Mesmo para algo tão simples como a memorização, o desempenho pode melhorar significativamente com a ajuda de um software que personaliza o treinamento com base na neurociência, juntamente com o feedback de sessões de treinamento anteriores.

5. Utilizar um modelo de aprendizagem

Quase sempre há pessoas por aí que já possuem um modelo para obter sucesso em determinado campo. Não aproveitar o modo de pensar que essas pessoas desenvolveram ao longo de suas carreiras é um tremendo desperdício de recursos. Na comunidade de pilotos de caças, os melhores e mais experientes viram instrutores. Eles nem sequer têm a opção de recusar o cargo. Embora pudéssemos facilmente encontrar outros instrutores para transmitir as informações, o aprendizado vai além das informações que estão sendo passadas – o importante é compreender como organizar e conectar as informações para que elas se tornem um modelo coeso. É algo tão essencial que estamos dispostos a gastar nosso recurso mais valioso com isso.

Para facilitar a compreensão dos alunos, os instrutores ensinavam um passo a passo de como eles mesmos solucionavam problemas táticos do mundo real. Isso dava aos alunos a chance de ver como o modelo mental dos instrutores funcionava. Os instrutores com frequência utilizavam muitos conceitos ao mesmo tempo, até mesmo em problemas simples, como a física por trás dos sistemas de missão de suas aeronaves, a psicologia por trás do raciocínio do inimigo, as práticas recomendadas nas táticas de combate aéreo, e como equilibrar risco e recompensa em diferentes fases da missão. Isso enfatizou ainda mais para os alunos que o conhecimento prático é construído por meio de conceitos entrelaçados, e não apenas pela memorização das informações.

Vimos que dois encontros antes de cada voo desenvolviam mais a compreensão dos alunos. A primeira, chamada de pré-briefing, consistia numa apresentação informal de todos os conceitos sobre os quais a missão de treinamento teria como foco. O objetivo era sanar toda e qualquer dúvida dos alunos, para que eles tivessem as ferramentas necessárias para o voo. Um elemento-chave do pré-briefing era os instrutores fazerem perguntas sem respostas com gabarito sobre como os alunos resolveriam diferentes cenários. Muitas vezes, os alunos achavam que tinham dominado determinado conceito, mas era apenas quando tinham que colocá-lo em prática em dado contexto que suas deficiências ficavam evidentes.

Assim que os alunos demonstram entender um conceito, nós introduzimos a *heurística*. Quando voamos, o tempo é essencial, portanto, tudo dentro de nosso alcance para reduzir o tempo de tomada de decisão é valioso. A heurística é uma estratégia de regra prática criada para reduzir o tempo que as pessoas levam para resolver problemas complexos – ela possibilita que as pessoas sejam funcionais sem que tenham de parar constantemente e pensar no próximo passo. A heurística é a priorização levada ao extremo, em que, dado um conjunto específico de condições, só é preciso fazer uma verificação cruzada para que problemas altamente complexos sejam resolvidos. Embora o conceito possa parecer abstrato, todo mundo o utiliza em seu dia a dia.

Imagine, por exemplo, um jogador de beisebol pegando uma bola. A matemática associada ao cálculo das trajetórias é complexa, exige equações diferenciais para descrever as forças que atuam sobre a bola. O jogador poderia resolver esses cálculos e depois correr até o local onde foi previsto que a bola cairia. Essa pode ser a solução mais precisa, mas é inútil para o jogador porque o tempo necessário para colocá-la em prática não é realístico. Em vez disso, o jogador pode olhar para a bola e congelar o ângulo enquanto corre em direção a ela. Fazendo apenas essas duas coisas, o jogador interceptará a bola. Agora, a heurística não garante que o jogador percorra o caminho ideal, nem permite, por exemplo, que ele corra de costas para a bola para interceptá-la. Mas ela fornece um atalho que o jogador pode utilizar dentro de um conjunto específico de condições.

LIÇÕES APRENDIDAS | 95

Esse foi o conceito usado durante o que ficou conhecido como "Milagre no Hudson". Um avião que decolava do Aeroporto de LaGuardia perdeu os dois motores, e os pilotos tiveram de decidir se conseguiriam planar de volta até o aeroporto ou se precisariam encontrar um local de pouso alternativo. O copiloto, Jeffrey Skiles, visualizou o aeroporto e notou como ele se mexia através do para-brisa. Veja o que ele disse após o acidente:

> Não se trata tanto de um cálculo matemático, mas sim visual, pois quando você pilota um avião, aquele ponto que não consegue alcançar na verdade vai subir no seu para-brisa. E aquele ponto sobre o qual você voa por cima diminui em seu para-brisa.

Como o aeroporto estava subindo lentamente no para-brisa à medida que voavam em direção a ele, Skiles percebeu que não conseguiriam chegar lá. O capitão, Sully Sullenberger, então descartou o aeroporto e, em vez dele, optou por aterrissar no Rio Hudson, salvando todos a bordo.

Esse conceito – como é o trajeto de um objeto ao longo do para-brisa – é uma heurística que os pilotos de caça usam o tempo todo, chamada linha de visada. Muitas vezes estamos tentando interceptar outras aeronaves enquanto nos colocamos em posições específicas para usar nossas armas. Não temos tempo de calcular as trajetórias das aeronaves, por isso usamos a linha de visada para entender como estamos nos movendo em relação às outras aeronaves. Temos até uma versão simplificada para os novos alunos. Por exemplo, quando o inimigo vira, pedimos aos alunos que esperem até a aeronave inimiga estar alinhada acima de seu manche antes de segui-la. Assim eles conseguem manter suas distâncias e usar os mísseis enquanto aguardam a solução ideal para a arma. Em cada voo de treinamento, eles tiram uma fotografia mental da linha de visada e, por fim, fazem a transição para a heurística mais avançada, que funciona em uma gama mais ampla de aplicações.

A heurística, no entanto, só funciona em determinadas condições. Ela não forma um conceito mais robusto ou totalmente compreensível pois depende apenas de alguns fatores-chave na tomada de decisão. Isso faz com que as pessoas subestimem sua relevância. De qualquer forma ela deve ser vista como uma ferramenta auxiliar na tomada de decisão. Por exemplo: ao planejar missões, temos o que chamamos de *linha de corte para as boas ideias*. Durante o processo de planejamento, muitas vezes há centenas de pessoas trabalhando juntas para atingir um único objetivo. É natural e até desejável que todos apresentem suas melhores ideias para resolver diferentes problemas. Entretanto, antes mesmo de o planejamento começar, o comandante irá definir o momento em que o plano será congelado – a partir deste ponto, novas ideias não são aceitas e todos trabalham para concluir o plano da maneira como ele se apresenta. Experiências anteriores mostraram que aceitar novas ideias após a linha de corte de boas ideias – que geralmente é demarcada depois de já termos concluído dois terços do processo de planejamento – costumam resultar em atrasos e confusão e, por fim, em um índice menor de sucesso da missão. É claro que isso é apenas uma heurística – se uma ótima ideia for apresentada no fim do processo de planejamento, ou se houver algo que não tenha sido abordado e que possa levar ao fracasso da missão, as chances de o plano ser alterado são grandes.

Depois do pré-briefing, o aluno se reunia com o instrutor algumas horas antes do voo para uma reunião de briefing formal. Nesse segundo encontro, o instrutor repassava tudo o que eles esperavam encontrar na missão, e as táticas que iriam utilizar. O briefing formal servia como uma última olhada no mapa cognitivo do instrutor e, ao mesmo tempo, estabelecia expectativas para o aluno. O aluno não precisava resolver os problemas da mesma forma que o instrutor, mas tinha que resolvê-los de modo a manter sua consciência situacional elevada e, simultaneamente, executar a tática ou manobra com segurança. Isso dava ao aluno os limites externos do que era considerado razoável, e garantia que ele usasse as melhores práticas, que funcionam comprovadamente. À medida que a experiência e o conjunto de habilidades do aluno aumentavam, esses limites eram gradualmente ampliados, permitindo que o aluno explorasse mais o envelope.

Seja no simulador, seja no ar, o melhor aprendizado se dava quando o aluno e o instrutor trabalhavam juntos na solução de problemas táticos. Isso criava um ambiente dinâmico, confuso e imprevisível, e simulava o combate, no qual o trabalho em equipe e a comunicação geralmente eram

LIÇÕES APRENDIDAS | 97

mais importantes que as manobras individuais, e isso levava o aluno a extrapolar algumas variações dos conceitos que haviam sido ensinados, enquanto aqueles que apenas memorizavam as soluções não eram capazes de se adaptar às condições variáveis.

6. Reserve um tempo para o debriefing

Se você perguntar a qualquer piloto de caça qual é a parte mais importante do aprendizado, sem dúvida, ele dirá que é o debriefing. Em nossas missões de treinamento, voamos por cerca de uma hora e meia e, depois disso, passamos várias horas ou, em alguns casos, vários dias estudando a missão em detalhes. O debriefing é totalmente focado em melhorar o próximo voo. Se algo excepcionalmente bom aconteceu, isso será apontado na reunião; caso contrário, gastamos todo nosso tempo com o que deu errado e em como podemos evitar que isso aconteça.

Muitas vezes, os novos pilotos ficam chocados com a honestidade brutal de nossos debriefings. Depois de um dia inteiro de planejamento, briefing e voo em missão, nós nos reunimos numa sala e passamos horas analisando tudo o que deu errado. Esses são os melhores pilotos do mundo e, mesmo que todos os objetivos tivessem sido alcançados e a missão tivesse sido um sucesso, ainda assim analisaremos o voo e encontraremos tudo o que pode ser aperfeiçoado.

A classificação dos pilotos aparece no debriefing; dessa forma tanto o oficial sênior ou o piloto mais experiente quanto o parceiro de voo ficam sujeitos a críticas. Isso surpreende aqueles que esperam que as Forças Armadas sigam uma hierarquia rígida. Já participei de reuniões de debriefing em que um jovem líder de voo apontou erros cometidos pelo comandante da base. O comandante, em vez de usar seu status como escudo, agradeceu ao líder de voo por apontar seus erros e pensou o que poderia fazer de melhor em uma outra oportunidade. Isso é o esperado de qualquer debriefing.

Uma missão quase nunca ocorre exatamente de acordo com o planejado: ela está em constante mudança, o que força o piloto a tomar decisões em um ambiente hostil, muitas vezes com informações e tempo limitados, não muito diferente do mundo dos negócios. Lutamos contra adversários pensantes, que vão atrás dos nossos pontos fracos. Nós, por outro lado, estamos tomando decisões que visam explorar os pontos fracos deles – cada lado tenta tomar a iniciativa e, no processo, diversos possíveis resultados são criados. No treinamento, se o bombardeiro que estamos escoltando foi abatido, ou se uma aeronave inimiga bombardeou o ponto que estávamos defendendo, geralmente foi porque vários erros sobrepostos levaram àquele fracasso. Todos provavelmente tiveram a oportunidade de, em algum momento, intervir e salvar a missão. O debriefing do piloto de caça funciona porque todos estão dispostos a assumir a responsabilidade por seus erros.

Assumir a responsabilidade é uma habilidade difícil de se dominar. A maioria das pessoas quer vencer e ser vista de forma positiva. No entanto, no debriefing, com a missão já concluída, a maneira de vencer é identificar com precisão as lições que farão todos serem melhores numa próxima missão. É um ambiente instável que só funciona quando todos estão dispostos a olhar primeiro para si mesmos em busca de falhas. Basta uma pessoa tentar culpar algo ou outrem para que o ambiente colaborativo desande. Por não ser estável, ele exige manutenção constante, especialmente por parte daqueles que podem usar seu status para se safar. O comandante da missão deve ser a primeira pessoa a se repreender, o piloto com mais experiência deve dizer que cometeu um erro básico, se for o caso, e o piloto de mais alto escalão deve estar disposto a dar o exemplo para mostrar que o alto escalão não acoberta seus erros.

Quando tratamos todos no debriefing com igualdade, a missão pode então ser analisada num ambiente estéril. Podemos descobrir o que deu errado e reunir todos os aprendizados para voos futuros. Para o observador casual, é um processo brutal, mas para os pilotos no debriefing, é apenas um quebra-cabeça para limar o conhecimento.

A primeira fase do debriefing do piloto de caça consiste na coleta de dados. Não é raro um piloto voltar de um voo e ter dificuldade em lembrar de detalhes. Quando se está totalmente concentrado em tomar decisões em frações de segundo, não sobra tempo para o cérebro processar tudo o que aconteceu. Já voei em grandes exercícios em que fui levado ao limite e, quarenta e cinco minutos após o pouso, minha memória do voo continuava anuviada, como se eu estivesse acabado de acordar de um sonho.

Como no debriefing temos a participação de muitos pilotos, é fundamental que todos tenham uma lembrança precisa da missão para analisá-la. Os caças modernos registram quase todos os detalhes do voo, desde a partida até o desligamento – todas as nossas telas são gravadas, juntamente com as entradas do manche e do acelerador, o desempenho do motor, as deflexões do controle de voo e até mesmo o lado externo. Após o pouso, todas essas informações são baixadas e processadas para que possamos reproduzir a missão individualmente. Primeiro, assistimos ao replay sozinhos, fazendo anotações em momentos importantes, para termos uma compreensão exata do nosso desempenho durante o voo.

Depois de coletar os dados de nossa aeronave, o próximo passo é reconstituir a missão inteira. Com tantas pessoas operando em ambientes diferentes – na terra, no ar, no espaço e no ciberespaço –, a reconstituição é o momento em que se juntam os dados de todos para um visão panorâmica da missão e, em seguida, eles são projetados em grandes telas na sala de debriefing. Os participantes costumam pausar o vídeo nos eventos significativos para que todos entendam exatamente o que aconteceu. O tempo de fala é precioso: são centenas de pessoas reunidas, não há tempo para declarações longas, então apenas informações pertinentes e concisas são permitidas. A partir desse processo, um modelo preciso do que ocorreu durante a missão começará a tomar forma. O comandante da missão, com a ajuda de seus adjuntos, fica preocupado com os objetivos não atingidos e faz anotações sobre os possíveis motivos disso.

Ao fim da reconstrução, o debriefing passa então para a fase de análise. A priorização é fundamental – o comandante da missão deve listar as áreas mais importantes a serem analisadas, que são chamadas de *pontos de foco do debriefing*. São com os objetivos não alcançados, como baixas no nosso time e erros graves, que o grupo pode aprender. Logo, o debriefing passará a buscar todos os fatores que levaram ao erro. Esses fatores se enquadram **em três categorias:**

1. A primeira é que a pessoa que cometeu o erro não **avaliou** a situação corretamente. A verificação cruzada não foi suficiente para criar a consciência situacional necessária antes de tomar a decisão.

100 | A ARTE DE PENSAR COM CLAREZA

2. A segunda é que a pessoa não **selecionou** o curso de ação correto. Se o piloto escolheu a tática errada, procuraremos entender por que ele tomou essa decisão e como ele pode mudar seus critérios de tomada de decisão na próxima vez em que se deparar com uma situação parecida.

3. Por fim, o piloto pode ter escolhido a decisão correta, mas a **executou** de forma inadequada. Geralmente é apenas uma questão de posicionar o seu jato e o de seu parceiro no local correto e, em seguida, empregar uma arma válida. Os caças modernos são sistemas de armas complexos que exigem muitas ações na sequência correta e precisão de momento.

A última parte do debriefing é a fase de instrução. Tudo que foi aprendido é reunido e ensinado a todos os participantes. O comandante da missão repassa a sequência de eventos que deveria ter ocorrido com base nas novas percepções. Então, relaciona as lições a conceitos mais amplos e explica como podem ser usados em missões do mundo real. As informações são gravadas para que possam ser revistas antes de missões semelhantes no futuro.

O debriefing é uma das ferramentas mais poderosas para melhorar a tomada de decisão. Entender a causa e o efeito das escolhas que fazemos ajuda num entendimento do mundo ao nosso redor. A maioria das decisões são pequenas variações de outras que já vimos. O segredo é, no mínimo, não cometer os mesmos erros duas vezes. Melhor ainda é observar como outras pessoas tomaram decisões parecidas e tiveram sucesso, e incorporar as práticas superiores ao nosso processo de aprendizado. Isso só funciona se a gente entende de fato o *porquê* e o *como* por trás de cada decisão – sem essas informações, você só está memorizando fatos, e isso não aumenta sua compreensão do funcionamento do mundo.

Com o passar do tempo, é possível construir uma rede elaborada de experiências que dão conta de uma ampla gama de problemas. O ensino de conceitos possibilita aos alunos fazerem conexões com tópicos aparentemente não relacionados a fim de encontrar soluções criativas. Com o tempo, conseguimos criar um modelo mental em que muitas decisões são automáticas.

É um conjunto de ferramentas mentais capaz de em pouco tempo acessar informações passadas para tomar decisões futuras.

Mas e quanto a tomar uma decisão sobre um problema nunca visto? O que acontece quando as variáveis são tantas que os possíveis resultados deixam você sobrecarregado?

4

PREVISÃO RÁPIDA

Província de Parwan, Afeganistão: 2h, horário local

À frente da minha capota alguma coisa brilhava no meio das imponentes montanhas. Eu e meu parceiro de voo, que atendia pelo codinome Shark, estávamos voltando de uma missão de ataque de cinco horas contra um centro de comando e controle do Talibã, seguida de uma vigilância armada para infiltrar um helicóptero. Embora estivéssemos a mais de 160 quilômetros de distância da Base Aérea de Bagram, as luzes de segurança da base faziam o ar empoeirado ficar com um brilho amarelo à noite.

Dentro da cabine, eu havia feito várias anotações sobre a missão, que pretendia entregar ao nosso analista de inteligência após o pouso. Na sequência, comecei a configurar meus aviônicos para a aproximação, que é uma das etapas mais perigosas do voo. Depois de uma longa missão noite adentro, é fácil ficar complacente. Ao longo dos anos, infelizmente, muitos pilotos sobreviveram a missões aflitivas apenas para se acidentarem no voo de volta. Com a escuridão da noite e a proximidade das montanhas, um momento de distração basta para que uma missão de rotina se transforme num desastre.

O terreno no Afeganistão é particularmente hostil – as montanhas formam a borda ocidental da cordilheira Hindu Kush, que dão no Himalaia e depois no Everest. Em certas partes do Afeganistão, as montanhas chegam a quase 7,5 mil metros – mais altas do que a altitude de cruzeiro de muitos aviões. O terreno extremo dificulta todas as formas de aviação. Mesmo voando no F-16, que é umas das aeronaves com a melhor relação entre empuxo e peso, foi necessário planejar as subidas para não ficarmos presos em um vale. Nas reuniões de briefing que antecedem as nossas missões, volta e meia nos lembrávamos de que, caso precisássemos nos ejetar sobre as montanhas, teríamos de nos separar manualmente do assento; caso contrário, colidiríamos com o solo antes mesmo de o paraquedas ser acionado.

A altitude elevada também nos obrigava a aumentar a velocidade do pouso. Como o F-16 foi projetado para ser o caça capaz de realizar mais manobras do mundo, os engenheiros retiraram o máximo de peso possível dele. Os freios da aeronave de treze toneladas têm tamanho semelhante ao de um Toyota Corolla. Ao aterrissar, o avião toca o solo a cerca de 280 km/h fazendo a aerofrenagem – ou seja, equilibra-se o nariz da aeronave no ar enquanto os dois pneus principais já estão no chão. A resistência do vento desacelera gradualmente a aeronave até que você atinja a velocidade de uma carro na estrada; só então é permitido o uso dos freios – qualquer antecipação resultará em freios em chamas. Bagram, no entanto, era peculiar não só por sua altitude elevada, mas porque sua pista era operada em apenas uma direção, e em declive.

Nosso pouso naquela noite seria mais difícil do que o normal. Havíamos sido alertados de que a pista principal estava fechada, restando-nos a pista menor – muito mais curta e com apenas metade da largura – para aterrissar. A maior parte do tráfego da base ocorria durante o dia, portanto, era à noite que eles podiam fechar uma das pistas com o mínimo de impacto. Além disso, meu parceiro de voo e eu estávamos voltando com toneladas de bombas não utilizadas. O peso extra significava que nossa velocidade de aproximação seria mais rápida que o normal, colocando ainda mais pressão sobre os freios.

Embora o fato de precisar pousar na pista menor fosse um inconveniente, aquela era uma noite típica no Afeganistão. A cada missão, tínhamos de nos adaptar às condições variáveis e encontrar soluções para dezenas de problemas desafiadores. A principal preocupação, no entanto, era não ter um campo de pouso reserva para pousar. O aeroporto internacional de Cabul ficava a apenas 48 quilômetros de distância, e normalmente servia como pista de aterrisagem alternativa caso a de Bagram estivesse desativada. No entanto, eles quase nunca se coordenavam com Bagram e, naquela noite, também estavam fechados, então nossa pista alternativa mais próxima estava a centenas de quilômetros de distância.

Isso se revelou um problema. Para pousar na pista mais curta, teríamos de diminuir nosso peso. Mas, também queríamos manter combustível suficiente a bordo para conseguir pousar em outro lugar, caso acontecesse outro imprevisto. Naquela noite, não era possível fazer nenhuma das duas coisas. Como estávamos transportando algumas das mais novas armas do inventário da Força Aérea, não tínhamos autorização para descartá-las antes de pousar. A solução para o problema do peso seria descartar combustível.

Se estivéssemos em uma missão de treinamento, ela teria sido abortada devido ao aumento do risco. Contudo, estávamos em combate e vidas estavam em jogo, principalmente porque éramos a única aeronave que poderia fornecer vigilância armada durante uma operação importante naquela noite. O risco aumentado havia sido aceito pelo quartel-general – carregaríamos combustível extra durante toda a missão e, pouco antes do pouso, o queimaríamos para que pudéssemos pousar na pista mais curta. Isso nos deixava em uma situação de vulnerabilidade durante um intervalo de cinco minutos.

Chegando a Bagram, era hora de começar a queimar o combustível extra. Pelo rádio, eu disse: "Portão um" e acionei meu pós-combustor. Lembro de sentir o solavanco do impulso à medida que minha velocidade aumentava. Levantei meus óculos de visão noturna para me preparar para o pouso, e vi meu parceiro me acompanhando enquanto uma chama branca e azul de 9 metros de comprimento saía da parte traseira de sua aeronave. Era uma noite tranquila, o rádio estava silencioso e, ao olhar para cima, pude ver centenas de milhares de estrelas e o contorno distinto da Via Láctea – que, estranhamente, devido à ausência de iluminação urbana, parecia mais brilhante do que o terreno abaixo de nós. Ao chegar ao último pico de 4,5 mil metros, Bagram ficou imediatamente visível.

Bagram é mais bem descrita como uma extensa cidade fortificada do que como uma simples base. Em seu auge, era o lar de mais de quarenta mil militares e empreiteiros civis. Os visitantes de primeira viagem ficavam em sua maioria surpresos com a existência de um lugar assim – parecia cenário de filme de ficção científica. Durante décadas, nada era removido de lá – quando algo se tornava obsoleto, um substituto era construído ao lado do original, dando a ela a aparência de um lugar desordenado, um aterro sanitário de alta tecnologia. Nos voos noturnos, as luzes de segurança podiam ser vistas claramente, desenhando um nítido perímetro ao seu redor, destacando a base do interior escuro e hostil do país.

Enquanto mergulhava no vale para me preparar para o pouso, entrei em contato com o controlador da torre para a autorização de pouso. Com meu parceiro atrás de mim, diminuímos a velocidade, baixamos nosso trem de pouso e começamos a descida final. Eu podia ouvir o cansaço na voz do meu parceiro. Provavelmente, o efeito de sua "pílula de ação" estava passando – uma mistura especial de dextroanfetamina desenvolvida pelos militares que recebíamos antes de missões longas. As pílulas agiam como estimulante e potencializadores do desempenho cognitivo e costumam ser descritas como a combinação dos melhores atributos da anfetamina e do Adderall.

De repente, comecei a ver o que pareciam ser cordas grandes, brilhantes e alaranjadas subindo até o céu. Meu primeiro pensamento foi que o meu suor havia escorrido para os olhos, causado uma sensação de luz intermitente. Pisquei, esperando que elas desaparecessem, mas elas ainda estavam lá. Era uma visão tão estranha, e eu levei algum tempo para processar o que estava acontecendo. Depois do que me pareceu ter sido vários segundos, mas que na verdade foi bem menos, percebi que não era suor, e sim a base sendo atacada – as cordas brilhantes que eu estava vendo eram os sistemas defensivos antimíssil da base sendo ativados.

Devido aos ataques constantes ao longo dos anos, uma série de canhões Gatling foi instalada em toda a base para protegê-la dos projéteis invasores. Eles eram controlados por um sistema automatizado que detectava a chegada de morteiros e, em seguida, disparava os canhões de seis canos contra eles. Cada projétil, vinte e cinco vezes maior do que uma bala de fuzil, era preenchido com altos explosivos, que detonavam perto do morteiro para destruí-lo. Quando chegamos à base, fomos informados sobre o sistema – uma buzina de advertência soava logo antes do disparo e, se não tapássemos os ouvidos, o som poderia romper nossos tímpanos. Algum tempo depois, eu estava indo para o café da manhã após uma missão quando uma das armas foi ativada a algumas centenas de metros de distância – o som agudo dos canos girando seguido pelo rugido explosivo de 65 cartuchos sendo disparados a cada segundo causava um ruído tão ensurdecedor que era possível senti-lo reverberar por todo o corpo, até o último fio de cabelo.

Mas naquela noite eu estava vendo o sistema ser ativado de cima. Havia pelo menos três canhões disparando de diferentes pontos da base, criando um estranho padrão de tecelagem no céu. As explosões dos projéteis auto-destrutivos eram muito maiores do que do chão, pareciam estar no meio de um show de fogos de artifício. Da minha cabine, a cena que se desenrolava era silenciosa, embora logo tenha sido interrompida pelo controlador da torre gritando que a pista havia sido atingida e que precisávamos abortar imediatamente o pouso.

Na teoria, os canhões deveriam ter sido calibrados para evitar que nos abatessem acidentalmente; no entanto, houve vários casos antigos em que sistemas semelhantes abateram aeronaves amigas. Com vários canhões disparando munições traçantes à nossa frente, eu não queria correr o risco.

Manter a aeronave sob controle é sempre a tarefa mais importante. Minha maior preocupação era não atingir o chão. A tendência quando se está voando devagar e próximo ao solo é puxar o manche para trás, fazendo com que a aeronave estole e caia. Com isso em mente, eu empurrei o acelerador para a frente com tudo, colocando em pós-combustão total, e levantei meu trem de pouso, mantendo a aeronave nivelada para que eu pudesse acelerar rapidamente. Em questão de segundos, estava de volta à velocidade de manobra tática. Em seguida, puxei o manche para trás, subindo verticalmente no céu. Olhando para baixo, vi outra rajada dos canhões que tentavam acertar outra salva de morteiros. Baixei meus óculos de visão noturna para tentar descobrir de onde vinham os morteiros; no entanto, vi apenas um mar de escuridão pixelada.

Assim que meu parceiro e eu atingimos uma altitude segura, fizemos um inventário de nossos jatos. Já estávamos bem abaixo de nosso combustível bingo. Os vários problemas que se acumularam nos levaram a um caminho perigoso, que se fechava rapidamente à nossa frente. Com o campo de pouso ainda sob ataque e já tendo esgotado nossas reservas de combustível, as decisões dos próximos minutos seriam fundamentais para nossa sobrevivência.

RISCO

Tomar decisões, em resumo, é apostar no resultado de uma escolha. Quando um leão caça uma gazela, ele avalia intuitivamente o risco em relação à recompensa. Cada ataque consome uma grande quantidade de energia e pode lhe render ferimentos. Para que o ataque valha a pena, o leão precisa levar muitos fatores em conta e concluir que a recompensa é maior do que o risco. No caso dos leões, devido aos seus pequenos corações e pulmões, o fator mais importante é conseguir se aproximar da presa até que esteja a uma distância de poucos metros. Se o leão não conseguir se aproximar o suficiente, ele vai esperar por uma oportunidade melhor. Nós, humanos, avaliamos nosso ambiente de forma parecida constantemente. Em muitos casos – sobretudo naqueles que já nos deparamos antes – essa avaliação intuitiva funciona bem. Entretanto, em situações novas ou complexas, devemos ir além da nossa intuição de risco *versus* recompensa, e pensar em termos de valor esperado.

Para encontrar o valor estimado de uma decisão, precisamos pegar a possível vantagem multiplicada pela probabilidade de que ela ocorra e subtrair a desvantagem multiplicada pela probabilidade de que ela ocorra. Na diferença é possível ver qual seria o benefício total. Em sua forma mais básica, digamos que você faça uma aposta de US$ 1.000 com 80% de chance de ganhar e 20% de chance de perder. Para determinar qual seria a vantagem, você multiplica US$ 1.000 por 80% (0,8) e obtém US$ 800. A desvantagem seria US$ 1.000 multiplicado por 20% (0,2), ou seja, US$ 200. A diferença entre eles é de US$ 600 positivos, o que faz com que seja uma ótima aposta. Embora possa parecer óbvio, muitas pessoas têm dificuldade quando há uma diferença na probabilidade *e* no resultado. Faça outra aposta, desta vez com 10% de chance de ganhar US$ 10 mil, mas 70% de chance de perder US$ 1.000. Você aceitaria a aposta? Podemos ver que, apesar da probabilidade de ganhar ser muito menor, o valor esperado é US$ 300 positivos, o que significa que ainda é uma boa aposta.

É claro que, no mundo real, pode ser difícil, se não impossível, determinar os números exatos a serem usados. Isso é chamado de *problema da base de areia* e costuma afetar as simulações por computador – independentemente do nível de elaboração e sofisticação do modelo, muitas vezes é impossível prever o futuro com precisão. A solução, portanto, é abandonar essa ilusão de precisão e usar uma técnica chamada *previsão rápida*.

A previsão rápida se baseia na ideia de extrapolar nossa intuição para chegar a um valor esperado aproximado de uma decisão. É por isso que é tão importante aprender conceitos. Enquanto os fatos representam apenas pontos de dados isolados, os conceitos abrangem regiões inteiras de entendimento. Quando compreendemos muitos conceitos adjacentes, podemos construir uma ampla teia de entendimento, que nos permite chegar sem demora a uma solução aproximada. Isso nos permite combinar os melhores elementos de nossos instintos com os melhores elementos de nossos modelos.

Na previsão rápida, nós estamos na verdade construindo um modelo mental do problema. Como nossa mente só consegue equilibrar uma fração das informações que um computador é capaz, a previsão supera nossa tendência natural de incluir o maior número possível de variáveis e dados. Somos forçados a simplificar. Em quase todos os sistemas existem apenas algumas variáveis que, devido às fortes leis de potência, são capazes de impulsioná-lo – é nelas que devemos nos concentrar. Por exemplo, quando se trata de ejetar-se de uma aeronave, mais do que qualquer outra coisa, a desaceleração é o fator mais importante para a sobrevivência. Isso se dá porque a resistência do vento não afeta a força linearmente, e sim exponencialmente. Pense em colocar sua mão do lado de fora de um carro a 100 km/h – agora imagine essa força a 950 km/h. A velocidade tem um impacto exponencial sobre a resistência do vento, então em vez de aumentar a força em dez vezes, ela na verdade aumenta a força em cem vezes, e por isso, as chances de a sua mão ser arrancada seriam enormes. Como piloto, isso quer dizer que, embora haja diversas etapas a serem executadas antes da ejeção, diminuir a velocidade é muito mais importante do que todo o restante.

Comparativamente, quando o assunto é investimento, os juros compostos – que acontecem quando os juros que você recebe de um investimento são imediatamente reinvestidos – são uma força muito poderosa, e o conceito mais importante que um investidor típico deve entender. Entretanto, muitas pessoas tendem a focar em aumentar ao máximo suas taxas de juros. Como as economias são relativamente eficientes, qualquer investimento que prometa superar o desempenho do mercado de ações geralmente acarreta um aumento no risco, a menos que o investidor tenha algum conhecimento específico que não está disponível ao público. Portanto, ao identificar o tempo como a variável mais importante para a riqueza, um investidor típico pode encontrar um investimento que seja *aceitável* e começar a investir nele o mais rápido possível. Por exemplo, se há trinta anos você tivesse investido US$ 1.000 no S&P 500 – um fundo que acompanha somente as quinhentas maiores empresas dos Estados Unidos – e continuasse a investir US$ 200 por mês, você teria atualmente mais de US$ 400 mil, apesar de ter investido apenas US$ 72 mil. Entretanto, se você tivesse esperado até dez anos atrás para investir, precisaria ter encontrado um investimento que pudesse sustentar uma taxa de juros de quase 30% para conseguir ganhar uma soma parecida. Esse investimento – repetindo, considerando que os mercados são relativamente eficientes – provavelmente teria acarretado riscos muito altos, tanto em termos de subdesempenho quanto de uma perda devastadora de todo o dinheiro, tornando o valor esperado muito menor do que o investimento inicial.

A chave para a previsão rápida é não se deixar dominar pelos detalhes – a lógica e a razão são o que impulsionam a técnica. A precisão costuma ser a inimiga do pensamento conceitual. O que estamos tentando fazer é usar o modelo mental que construímos ao longo de nossa vida para estimar o valor esperado de uma decisão. Se, em vez disso, complicarmos ainda mais nosso problema, perdemos a capacidade de manipular as informações relevantes com rapidez por meio das lentes de nossos conceitos, princípios, heurística e fatos.

Como pilotos de caça, um dos ditados que temos é que o ato de não tomar uma decisão *é* uma decisão, e quase sempre é a pior a ser tomada. Em cada missão, somos bombardeados com milhares de decisões, o que nos obriga a priorizar e só então decidir da forma mais rápida possível. Embora pilotar um caça demande muito fisicamente – e muitas vezes nos faz perder de dois a quatro quilos de água a cada voo –, a questão mental é muito mais complicada. Durante o voo, meu cérebro parece estar em alta velocidade, eu pulo de decisão em decisão, quase nunca me distraio com algo que não seja relevante para a missão. Depois de uma missão complexa, meus pensamentos ficam confusos, e costumo levar um dia inteiro para me recuperar mentalmente. Os voos demandam tanto de nós e as consequências são tão extremas que, antes de uma missão, a Força Aérea exige por lei que a equipe entre em um período de doze horas de descanso, e não seja incomodada com nada relacionada ao trabalho.

Embora a vida fora da cabine de comando geralmente não seja tão intensa, a velocidade ainda é fundamental. A maioria de nós tem mais tarefas a fazer do que é capaz de dar conta, e o tempo é um recurso importante e deve ser usado a nosso favor. Além disso, como a capacidade mental é um recurso finito, só é possível pensar por um determinado período antes que a fadiga comece a atrapalhar nosso julgamento. Portanto, cada minuto *sem* que uma decisão seja tomada precisa ser considerado como um custo que estamos incorrendo. Esse custo deve ser subtraído do valor da espera para obtenção de informações adicionais. Como a obtenção de mais informações geralmente segue a lei dos rendimentos decrescentes, em algum momento vamos cruzar o limite a partir do qual começamos a perder valor se adiamos demais uma decisão. Isso também significa que, por mais que tentemos, nunca teremos uma compreensão perfeita de um sistema. Ainda que os seres humanos anseiem por certezas, todas as decisões vêm acompanhadas de incertezas e riscos.

No caso das decisões que podem ser alteradas, na maior parte das vezes é melhor decidir com antecedência e ajustá-las à medida que mais informações forem obtidas. Isso pode ter o efeito de redefinir a curva de ganho decrescente, o que possibilita uma avaliação mais eficaz com a mesma quantidade de tempo e esforço. Essa técnica, que consiste em *falhar rápido* e iterar, pode ser muito eficaz para equipes pequenas e para novas áreas de atuação que lidam com uma grande quantidade de incerteza. No outro extremo do espectro, se a decisão for importante e irreversível, faz sentido gastar mais tempo coletando mais informações antes de selecionar um curso de ação.

No entanto, mesmo para essas decisões, a velocidade ainda é necessária para eliminar o quanto antes as opções inviáveis, de modo que o peso do esforço possa ser melhor direcionado nas opções restantes.

Para muitos, a matemática mental é a parte mais difícil da previsão rápida – se esse for o caso, você não está simplificando o suficiente. É sempre melhor simplificar demais do que simplificar de menos ao fazer uma previsão rápida, portanto, simplifique – você sempre pode refinar sua solução mais tarde. Não pense nisso como uma solução final, e sim como a primeira de várias etapas. Estamos começando com o conceito geral e adicionando detalhes aos poucos, até termos uma resolução boa o bastante para que a decisão seja tomada. Algumas decisões são óbvias desde o início, enquanto outras vão exigir mais refinamento. Isso nos permite ser ágeis, analisar vários cenários e compreender suas implicações antes de selecionar a ação correta.

Até mesmo fórmulas complexas podem ser resolvidas mentalmente utilizando métodos não tradicionais que aproveitam a maneira como o nosso cérebro funciona. Veja a conversão de Fahrenheit para Celsius, uma relação não linear que a maioria das pessoas tem dificuldade de calcular mentalmente. Aqui está a equação:

$$°C = 5/9(°F\text{-}32)$$

Porém, em vez de calcular ou procurar a fórmula, duas ações que interrompem nosso raciocínio e dificultam a visualização do quadro geral, podemos adotar uma abordagem alternativa que leva a solução para um campo mais palpável. Dê uma olhada nos números a seguir – eles estão invertidos ou têm algum outro recurso mental que os torna fáceis de lembrar:

- 40°F = - 40°C
41°F = 4°C
61°F = 16°C
82°F = 28°C
104°F = 41°C

PREVISÃO RÁPIDA | 113

Eu penso numa linha numérica física, feito uma régua comprida. Sempre que preciso fazer a conversão entre as duas escalas, simplesmente extrapolo os números memorizados. Se a temperatura for, digamos, de 70°F, eu pego a diferença aproximada entre os números memorizados. Nesse caso, é 22°C, o que resulta em um grau a menos do que a resposta real. Utilizando essa técnica, sempre posso fazer a conversão aproximada entre Celsius e Fahrenheit sem ter que me distrair procurando ou fazendo cálculos. A extrapolação de números memorizados é uma técnica chamada *staking*, usada em quase tudo o que diz respeito a caças no intuito de acelerar nossas tomadas de decisão. Muitas de nossas táticas dependem do cálculo da relação entre vários corpos em movimento ao longo do tempo. Seja em um *dogfight* contra outra aeronave seja na geolocalização de um sistema de mísseis terra-ar inimigo, muitas vezes é necessário fazer cálculos para resolver o problema com precisão tática. Não há tempo para fazer equações diferenciais no ar; no entanto, também não é preciso – isso foi resolvido com antecedência, e só temos de extrapolar alguns números principais. Esse conceito é usado para tudo, desde o gerenciamento de combustível, a sincronização de armas e o lançamento de mísseis até o gerenciamento de nossos atributos de furtividade e muitas outras decisões complexas. Ele também é usado fora da cabine de comando – quando estamos planejando grandes missões, muitas vezes há centenas de componentes operacionais que precisam ser alocados e sequenciados para nos dar a melhor chance possível de atingir nossos objetivos. Ao fazer uma previsão rápida e aproximada do valor esperado de diferentes táticas, podemos aos poucos nos concentrar na melhor solução.

A previsão rápida não está atrelada somente ao combate aéreo – é uma técnica que pode ser usada em qualquer área. A previsão rápida permite que as pessoas cheguem a soluções rápidas aproximadas que tenham um sentido lógico. Em alguns casos, o valor esperado das alternativas pode ser diferente a ponto de fazer com que a melhor solução pareça óbvia, permitindo que um maior tempo e capacidade de processamento possam ser empregados na decisão seguinte. Em outros, ele pode restringir as alternativas, permitindo que dediquemos uma análise completa apenas ao que for viável, e isso economiza tempo e recursos.

O mundo real é um lugar complexo, e as decisões sempre estão carregadas com algum grau de incerteza. A previsão rápida é eficaz num ambiente assim porque prioriza a correção em detrimento da perfeição, pois integra nossa intuição conquistada com bastante esforço à solução. Em ambientes de equipe, isso pode render debates sobre as decisões corretas a serem tomadas. Se esse for o caso, a primeira etapa é analisar como cada parte vê o problema de modo geral. Os números são sempre secundários em relação aos conceitos, portanto, a lógica e a razão devem ser usadas para encontrar a melhor metodologia para a resolução do problema. Quando isso é feito, as opções a serem escolhidas diminuem drasticamente. E só então devemos nos concentrar nos números que estão sendo inseridos.

Se isso parece confuso, é porque de fato é. Encontrar a probabilidade correta em contextos além do ato de lançar dados e moedas é difícil, se não impossível, na maioria dos sistemas. Isso, somado ao fato de que a maioria das pessoas tem uma imensa aversão à incerteza, geralmente nos leva a buscar respostas fora de sua própria lógica, seja por meio de comitês, seja por modelagem de dados. Entretanto, quando temos um pensamento crítico e aceitamos a incerteza, conseguimos tomar decisões melhores. Isso não quer dizer que todas serão perfeitas, mas podemos, no mínimo, eliminar as opções ruins, o que nos dá uma probabilidade muito maior de sucesso ao longo do tempo.

AFEGANISTÃO: 2h30, HORÁRIO LOCAL

Os últimos minutos foram de intensa comunicação pelo rádio. Agora, com o fim do ataque, o rádio estava mudo enquanto todos faziam um inventário de sua situação. Na minha formação, estávamos quase sem combustível e não tínhamos lugar viável para pouso – uma das piores situações que o piloto pode passar.

Os acidentes de aviação geralmente são um acúmulo de eventos improváveis em sequência que escapam do controle das redundâncias, implementadas justamente para evitar tal coisa. Nesse caso, infelizmente, os ataques de morteiros aconteceram durante o pequeno intervalo de tempo em que estávamos mais vulneráveis. Cinco minutos antes, e nós teríamos conseguido desviar para a base aérea de Mazar-i-Sharif, localizada a bons quilômetros ao norte. Cinco minutos depois e nós estaríamos em segurança num abrigo fortificado. Mas estávamos acima da base atingida, com o mínimo de combustível e poucas opções restantes. Calculei meu consumo de combustível e vi que tínhamos cerca de quinze minutos antes de o motor falhar.

A primeira opção era pousar na pista atingida. A torre de controle nos informou que ainda não sabiam o tamanho do estrago – eles não poderiam enviar alguém para avaliar os danos até que a equipe de descarte de material explosivo da base retirasse da área todas as munições não detonadas. Tudo o que puderam nos dizer foi que tinham visto um projétil de morteiro atingir o meio da pista, mas não conseguiam ver a extensão dos danos do ponto onde estavam. Eles estimaram que a pista ficaria fechada por pelo menos trinta minutos.

Mesmo com a pista fechada, ainda tínhamos a opção de tentar pousar nela. Os projéteis de morteiro são pequenos e, embora um tenha destruído o caminhão do nosso esquadrão algumas semanas antes, eles provavelmente só fariam grandes buracos na pista de concreto. As chances de atingirmos algum projétil eram baixas; no entanto, à noite, seria impossível evitá-los. Se atingíssemos um, o jato poderia rodopiar tão rápido que não teríamos tempo de ejetar, e isso com certeza seria fatal.

A alternativa era esperar e torcer para que a pista fosse liberada a tempo. Se isso não acontecesse, ainda tínhamos a opção de ejetar das aeronaves. Mas, ainda que o assento ejetável ACES II do F-16 seja confiável, ele não é perfeito. Dezenas de sequências complexas precisam ocorrer numa sucessão rápida para separar o piloto da aeronave de forma explosiva e lançá-lo de paraquedas no solo. Quando se está no "elevador de seda", como os pilotos o chamam, não há procedimentos redundantes a serem feitos em caso de falhas. Há também um risco considerável de se ferir devido à força esmagadora da ignição do motor do foguete, que com frequência quebra o pescoço e a coluna do piloto. Além disso, ao voar em uma zona de combate, há também um inimigo no seu encalço que acaba influenciando todas as decisões.

116 | A ARTE DE PENSAR COM CLAREZA

Nenhuma das opções era ideal, mas eu precisava de um plano para o pior cenário antes de procurar soluções mais criativas. Usei a previsão rápida para encontrar o valor esperado de cada opção. Naquela altura, não havia nenhuma vantagem, portanto eu só tinha de analisar as desvantagens. Se pousássemos na pista danificada e um dos dois batesse em uma cratera, poderíamos destruir o avião e, o que é muito pior, morrer. Essa era uma grande desvantagem; há, porém, uma diferença entre possibilidade e probabilidade. Para encontrar o valor esperado, eu precisava saber a probabilidade de isso acontecer. Como eu não tinha muitas informações e o tempo estava acabando, haveria um alto grau de incerteza. Ainda assim, era o melhor que eu poderia fazer diante da situação.

Eu sabia que a pista de pouso e decolagem tinha 23 metros de largura, que arredondei para trinta. Um ou dois projéteis de morteiro atingiram a pista, e presumi que cada um deles tenha causado uma cratera de um metro. Com base na minha rolagem de pouso, isso significava que um pouco mais de 2% da pista havia sido afetada. Se qualquer um dos meus três pneus atingisse uma parte danificada da pista, eu poderia capotar com o caça. Multiplicando os dois juntos, a chance de atingir uma cratera era de 6%. Mas a possibilidade de uma roda atingir uma cratera não significava necessariamente que o jato iria capotar – eu achava que havia cerca de 50% de chance de isso acontecer. Portanto, com um alto grau de incerteza, estimei uma taxa de sobrevivência de 97% para cada um de nós. Embora eu tivesse feito muitas suposições – algumas provavelmente totalmente erradas –, aquilo era o melhor que eu poderia fazer naquelas circunstâncias. Mesmo que eu estivesse errado em alguns daqueles fatores, eu já tinha a confiança de que a situação era possível sem ter de recorrer a um curso de ação extremo.

Em seguida, comecei a calcular o valor esperado da ejeção. Os Estados Unidos perderam mais de *seiscentos* F-16 desde que eles entraram em operação, portanto, há uma grande quantidade de dados sobre o assento ejetável. Embora muitos pilotos tenham morrido ao se ejetar, a maioria deles estava fora do envelope de ejeção – eles se ejetaram tarde demais, rápido demais ou de uma altitude muito baixa. No entanto, para aqueles que se ejetaram dentro do envelope, houve apenas um punhado de vezes em que o assento apresentou defeito, tornando o ACES II um dos assentos ejetáveis mais confiáveis do mundo. Com base nos dados, calculei que havia 98% de chance de sobreviver à ejeção, o mesmo que pousar na pista danificada. No entanto, também havia uma grande chance de ficar gravemente ferido – mais de 50% – e uma chance de 100% de perder a aeronave. Além disso, se não nos ejetássemos diretamente sobre a base, havia a possibilidade de sermos capturados ou mortos pelo inimigo. A essa altura, eu não precisava somar as desvantagens; estava claro que essa não era uma opção tão boa quanto pousar na pista danificada e, portanto, eu a eliminei.

Tudo isso havia levado cerca de quinze segundos. Agora, eu tinha a lógica e o motivo para que o pouso na pista danificada fosse a melhor opção. Também entendi que a situação parecia pior do que realmente era – embora a pista estivesse fechada, ela não estava toda destruída. Com isso, eu disse ao controlador da torre que provavelmente pousaríamos na pista danificada em dez minutos – isso nos daria tempo para tentar encontrar uma solução melhor e, ao mesmo tempo, daria duas tentativas de pouso para cada um, um bom equilíbrio entre maximizar nosso tempo e criar redundância. O controlador respondeu que não poderia nos autorizar a pousar em uma pista danificada, mas que poderíamos pousar por nossa própria conta e risco. O significado oculto era que não estaríamos indo de acordo com os regulamentos e que eu arcaria com todas as consequências se algo desse errado.

Agora que eu tinha um plano aceitável e que certamente garantiria nossa sobrevivência, voltei minha atenção para encontrar um plano melhor. Uma das opções que me passou pela cabeça foi uma manobra de alcance máximo chamada *sky hook*, em que subimos a uma altitude muito alta, até a estratosfera, para aumentar nossa eficiência e alcance. Isso poderia nos permitir alcançar a base aérea de Mazar-i-Sharif. No entanto, ao fazer as contas, estimei que provavelmente ficaríamos sem combustível antes de chegar lá. Se fosse absolutamente necessário, ainda poderíamos planar nossos jatos até o campo de pouso; mas era uma opção bem pior que o pouso na pista danificada, e foi, portanto, rapidamente eliminada.

Estávamos ficando sem tempo, mas ainda havia duas outras opções possíveis. A primeira era ver se havia algum avião-tanque no ar que pudesse nos encontrar nos próximos minutos. Muitas vezes, eles entravam no país com antecedência e estabeleciam circuitos de espera enquanto aguardavam

118 | A ARTE DE PENSAR COM CLAREZA

a chegada das aeronaves a serem reabastecidas. Eu não sabia onde a missão seguinte estava acontecendo, mas, se fosse perto, teríamos uma chance de reabastecer. A segunda opção era ver se as obras de construção no Aeroporto Internacional de Cabul haviam terminado mais cedo naquela noite. Se já tivessem encerrado, a pista estaria disponível, mesmo que tecnicamente fechada. Disse ao controlador da torre para ligar para Cabul e verificar o status da pista enquanto eu procurava o avião-tanque mais próximo. Mudando meu rádio para satcom, eu acionei o microfone para entrar em contato com o quartel-general, que usava o indicativo de chamada Trinity.

> **HASARD:** Trinity, aqui é o Viper 51. Onde está o caminhão--tanque mais próximo? Estamos no combustível de emergência, e Bagram está fechada.

> **TRINITY:** Viper 51, o avião-tanque mais próximo, indicativo de chamada Mojo, está a 120 quilômetros a leste e está entrando em circuito de espera para o voo do Viper 61.

> **HASARD:** Entendido, vamos tentar usá-lo. Em que frequência ele está?

> **TRINITY:** O Mojo está na Blue 47.

Embora todas as comunicações via satélite fossem criptografadas, ainda usávamos código de palavras para as frequências. Folheei meu livro de frequências, encontrei a Blue 47 e digitei a frequência específica em meu rádio.

> **HASARD:** Mojo, Viper 51 – estamos sobrevoando Bagram no combustível de emergência. Preciso que você voe na velocidade máxima em direção a Bagram o quanto antes.

> **MOJO:** Viper, podemos chegar aí em cerca de dez minutos.

A essa altura, tínhamos sete minutos até o horário de pouso imposto por nós mesmos. O avião-tanque era uma opção promissora, mas poderia nos dar falsas esperanças e nos levar a ficar sem combustível. Agora que ele

PREVISÃO RÁPIDA | **119**

vinha em nossa direção em sua velocidade máxima, falei pelo rádio com o controlador da torre sobre a situação do aeroporto de Cabul. Ele disse que já estavam encerrando o trabalho na obra naquela noite. Ainda havia pessoas e equipamentos na pista, mas possivelmente poderiam liberá-la nos próximos minutos. Com base em experiências anteriores, sempre que alguém usa a palavra *possivelmente*, essa pessoa está tentando ajudar, mas na verdade está apenas fazendo uma suposição. Comuniquei ao meu parceiro que iríamos descartar Cabul. Agora tínhamos duas opções: pousar na pista danificada ou reabastecer com o avião-tanque.

Não tínhamos tempo para esperar que o caminhão-tanque viesse até nós. Se quiséssemos reabastecer, teríamos de voar para longe do campo de pouso e interceptá-lo. Nosso risco era não conseguir voltar à Bagram caso alguma coisa desse errado no reabastecimento. Mais uma vez, um cálculo mental aproximado nos permitiu resolver o problema.

O avião-tanque estava a cerca de 130 quilômetros de distância e voando a cerca de 0,8 vezes a velocidade do som – em torno de 13 quilômetros por minuto –, o que significava que ele passaria por cima de nós em dez minutos. Se voássemos em sua direção a uma velocidade semelhante, poderíamos nos juntar a eles em cinco minutos; no entanto, não teríamos combustível suficiente para voltar a Bagram se algo desse errado e não conseguíssemos reabastecer. Com base na experiência anterior, calculei que a probabilidade de nós dois conseguirmos reabastecer era de aproximadamente 95%, o mesmo que pousar na pista danificada. A vantagem era que, se funcionasse, isso eliminaria nosso problema, pois teríamos combustível suficiente para desviar ou esperar até que a pista fosse consertada. A desvantagem era que, se algo desse errado, seríamos forçados a nos ejetar para longe de nossa base e sobre 5 quilômetros de território repleto de combatentes do ISIS e do Talibã. Com essa desvantagem, seria melhor escolher a opção mais simples e apenas aterrissar sem tentar reabastecer. Mas havia possivelmente uma terceira opção.

Ao interceptar o avião-tanque em uma velocidade mais lenta, poderíamos, em vez de nos encontrarmos no meio do caminho, percorrer apenas um terço do trajeto enquanto o avião-tanque percorreria dois terços. Isso nos permitiria economizar combustível e também nos manteria mais próximos da base. Se não conseguíssemos reabastecer, teríamos combustível suficiente para voltar a Bagram. Essa opção híbrida nos deu uma chance de reabastecimento e, ao mesmo tempo, preservou a alternativa segura do pouso. No entanto, as margens eram muito pequenas. Assim que atingíssemos o combustível bingo, mesmo que estivéssemos ao alcance do braço do navio-tanque, teríamos de abortar. E só teríamos combustível suficiente para uma tentativa de pouso.

Avisei ao meu parceiro que iríamos tentar reabastecer. Em seguida, virei gradualmente na direção ao avião-tanque, tomando cuidado para não perder velocidade, o que exigiria empurrar o acelerador para a frente e resultaria na queima de mais combustível. À medida que continuávamos a fazer a curva, as luzes da base foram se apagando e as silhuetas escuras das montanhas passaram a ser vistas. Então me ocorreu que eu esperava que aquilo desse certo e que nossos medidores de combustível estivessem corretos, porque, provavelmente, não seria possível sobreviver caso ejetássemos sobre aquelas montanhas. Mesmo que os helicópteros de busca e resgate soubessem onde estávamos, eles não conseguiriam subir o bastante no ar rarefeito para nos resgatar.

Naquele momento, não havia muito o que fazer. Verifiquei novamente os cálculos e solicitei que meu parceiro verificasse o combustível. Ele estava várias centenas de quilos mais leve do que eu. Depois de quase um minuto, comecei a ver um sinal de retorno do radar descendo lentamente em minha tela. Deixei o cursor em cima dele, para que me mostrasse, na tela verde do monitor de alertas, os dados necessários para fazer a conexão. Sob meus óculos de visão noturna, também era possível ver a fraca luz estroboscópica infravermelha do avião-tanque piscando, distinguindo-o das centenas de estrelas que o cercavam.

A conexão com o avião-tanque é sempre um ato de equilíbrio. Se você for muito agressivo na interceptação, ultrapassará a trajetória de voo dele, correndo o risco de uma colisão. Se você for muito conservador, pode ficar vários quilômetros atrás do avião-tanque, desperdiçando tempo e combustível precioso na tentativa de alcançá-lo. Naquela noite, a conexão precisava ser quase perfeita; caso contrário, seria melhor abortar e ir direto para à base e pousar.

Por fim, o avião-tanque foi avistado. Empurrei o acelerador sutilmente para a frente enquanto verificava mais uma vez o combustível e a nossa distância até a base. Tínhamos cerca de dois minutos antes de abortar a tentativa. Para economizar combustível, meu parceiro se manteve mais próximo do que o normal, reproduzindo cada mudança que eu aplicava no acelerador. Pelo rádio, informei ao avião-tanque que havia feito contato visual e recebi autorização para a conexão.

Apesar de todo o caos dos últimos dez minutos, sabia que aquela era uma situação que eu seria capaz de controlar. Já fizera a manobra centenas de vezes antes; tinha confiança de que conseguiria executá-la. Assim que o avião-tanque começou a se alinhar na minha capota, eu me aproximei e puxei o manche para trás. Como estava tentando economizar combustível e voava mais lento do que o normal, tive de ser mais agressivo na angulação. Agora eu apontava na direção do avião-tanque em rota de colisão. Quando o avião-tanque começou a preencher meu campo de visão através dos óculos de visão noturna, fui reduzindo lentamente a potência, me afastando do avião-tanque até estarmos alinhados logo atrás dele.

Pelo rádio, disse ao meu parceiro: "Checagem de pré-reabastecimento, você vai primeiro." Ele estava com menos combustível, mas o mais importante é que eu queria colocá-lo em uma posição mais fácil. Se houvesse algum atraso, ele poderia usar meu tempo para reabastecer e eu me separaria e aterrissaria na pista danificada. Tive vontade de dizer a ele que fizesse o reabastecimento, mas preferi ficar em silêncio – ele sabia o que estava em jogo, e qualquer estresse a mais provavelmente prejudicaria seu desempenho.

Reduzi minha potência e fui para o lado do avião-tanque. Quando levantei meus óculos de visão noturna, pude ver a longa lança de reabastecimento com uma pequena luz na extremidade que se estendia atrás do avião-tanque. À frente, pude ver as luzes brilhantes de Bagram à medida que nos aproximávamos do campo de pouso. Pelo rádio, o operador da lança liberou meu parceiro para fazer a conexão. Lentamente, ele avançou enquanto eu observava a lança sair do caminho. Em seguida, ele se estabilizou sob o avião-tanque, balançando um pouco devido à turbulência gerada pelos motores internos do avião. Depois de alguns segundos, a lança se estendeu e o operador anunciou pelo rádio: "Contato." O combustível estava agora

122 | A ARTE DE PENSAR COM CLAREZA

fluindo para seus tanques quase vazios. Um minuto depois, após centenas de litros de combustível transferidos, ele se desconectou para que eu pudesse tomar alguns goles antes de ele voltar a reabastecer.

Enquanto ele se afastava para o lado do caminhão-tanque, eu fui para trás da lança e ouvi: "Contato liberado." Aumentei a aceleração e comecei a avançar em direção ao caminhão-tanque. Já estávamos quase diretamente acima da base, o que foi a minha deixa para abortar o reabastecimento. Olhando para as luzes de direção embaixo do avião, pude ver um F piscando, dizendo para eu ir para a frente. Apesar de nossos avanços técnicos e tecnológicos, o reabastecimento ainda é uma manobra 100% manual. Quando minha capota se aproximou da lança, ela girou lentamente para a minha direita, tão perto que eu poderia tê-la tocado se a capota não estivesse ali. Embora ambos estivéssemos viajando a quase 560 km/h, tudo parecia parado, como se eu estivesse andando devagar atrás de um avião estacionado. Por fim, a luz parou de piscar. Tirei uma foto mental da silhueta gigante do avião-tanque acima de mim, congelando suas dimensões para não me deslocar para cima nem para baixo. Segundos depois, senti uma sacudida quando a lança se conectou à minha aeronave. Agora eu estava acoplado ao caminhão-tanque e podia sentir a lança movendo minha aeronave. Após alguns segundos mantendo minha posição e observando as luzes de direcionamento, eu conferia de vez em quando o pequeno medidor de combustível ao lado do meu joelho direito, até que comecei a vê-lo, enfim, aumentar. O combustível estava entrando na minha aeronave. Depois de um minuto, eu me desconectei para que meu parceiro pudesse continuar o reabastecimento.

No solo, a equipe de armamentos explosivos conseguiu liberar a pista para que a equipe de manutenção da pista pudesse avaliar os danos. Encontraram uma cratera na pista e fizeram o reparo. É difícil dizer se teríamos atingido a cratera ou não. Ainda bem, não tivemos de pagar para ver. Depois de mais uma rodada de reabastecimento no avião-tanque, nós dois conseguimos pousar, encerrando a missão.

HUMANOS ENQUANTO TOMADORES DE DECISÃO

No decorrer de um segundo, quase vinte trilhões de impulsos de informação percorrem os neurônios do nosso cérebro. Em comparação, um supercomputador moderno leva quarenta minutos para reproduzir apenas *um segundo* de atividade cerebral. Nosso cérebro combina memória e processamento em um pacote extraordinariamente eficaz. Aquilo que os computadores levam milhões de etapas para calcular, muitas vezes pode ser feito em apenas algumas centenas de transmissões neurais. E, através da neuroplasticidade, nosso cérebro pode se reconectar numa velocidade impressionante, adaptando-se a condições novas e mutáveis. Surpreendentemente, tudo isso é feito com apenas vinte watts de potência.

Por dependerem de regressões estatísticas para analisar dados passados e encontrar correlações, os computadores falham miseravelmente em antecipar uma mudança de padrão – atividade em que os seres humanos são excelentes, pois buscamos encontrar a causa, não apenas a correlação. Quando um ambiente muda, os humanos superam em muito os computadores em sua capacidade de adaptação. Nada chega perto da maneira como nossa mente pode conectar determinado padrão a um padrão diferente e aparentemente não relacionado, formando a base da criatividade.

Essa é uma das razões pelas quais os seres humanos são tão hábeis na solução de problemas complexos que muitas vezes confundem os computadores. Somos muito mais criativos e eficientes em compreender o sistema que observamos. Não precisamos analisar todos os números para tomar uma decisão. Podemos usar ferramentas simples para entender relações complexas. Por exemplo, em um gráfico básico, quando adaptamos dados brutos em uma representação visual, podemos aproveitar as vantagens do córtex visual extremamente rápido e eficiente do cérebro. Costumamos dizer que uma imagem vale mais que mil palavras; no entanto, dependendo da imagem, ela pode valer bem mais. Como pilotos de caça, traduzimos quase todas as relações importantes da aviação de combate em alguma forma de visualização de dados. Isso começou na década de 1970, quando o coronel

124 | A ARTE DE PENSAR COM CLAREZA

John Boyd desenvolveu o diagrama de energia-manobrabilidade, fazendo um gráfico da capacidade de curva de uma aeronave em relação à sua velocidade no ar. Ao criar esse diagrama para cada aeronave do mundo, os pilotos puderam sobrepor o diagrama de suas aeronaves às do inimigo e analisar rapidamente os aspectos em que possuíam vantagem e desvantagem.

Os humanos são ótimos em tomar decisões graças a sua capacidade de atribuir sentido às coisas – de entrelaçar uma vida inteira de conhecimento adquirido em milhares de experiências e em diversas áreas em um modelo de entendimento interligado. Podemos pensar de forma conceitual, crítica, metafórica e imaginativa. Pensamos com bom senso, coisa de que mesmo os programas de inteligência artificial mais sofisticados carecem.

Porém, ao abrir mão precipitadamente de nossa tomada de decisão e cedê-la a auxílios externos, como comitês ou computadores, perdemos a capacidade de usar todo o poder do nosso cérebro para lidar com um problema. Em essência, abrimos um buraco em nosso entendimento e o substituímos pela solução de outra pessoa. Se não aprendermos os conceitos subjacentes a essas novas informações, estaremos confiando que elas estão corretas. Perdemos a capacidade de transformar com rapidez os conceitos em soluções criativas, o que é um dos grandes pontos fortes da mente humana.

Isso não quer dizer que não devemos nos abrir a colaborações. Há informações demais no mundo para que uma pessoa saiba tudo. Além disso, a diversidade de pensamentos é importante – alguém pode ter encontrado um modo melhor de lidar com determinado problema. No entanto, a pessoa que toma a decisão deve saber num nível básico todos os conceitos envolvidos e saber por que o valor esperado leva à decisão que está sendo tomada. Caso não consiga entender, ela deve continuar perguntando até entender.

A credibilidade é um elemento importante a ser considerado ao colaborar para uma solução. Quanto mais competente uma pessoa for em uma determinada área, mais ela deve confiar em sua própria intuição e entendimento. O mesmo vale para um modelo de computador: se os resultados foram validados com sucesso várias vezes, ele deve ser visto como uma fonte confiável. Entretanto, em ambos os casos, um argumento bem fundamentado deve superar qualquer credibilidade aparente.

PREVISÃO RÁPIDA | **125**

Uma das melhores ferramentas para garantir que estamos pensando criticamente e não entregando nossa tomada de decisão de forma precipitada é fazer uma previsão rápida de uma solução por conta própria. Quando somos forçados a estimar o valor esperado de uma decisão no calor do momento, não há para onde fugir. Não podemos transferir a decisão para outra pessoa ou para um computador. Precisamos usar conceitos, princípios, heurística e informações que aprendemos em nosso dia a dia para chegar a uma solução. Se alguém ou alguma outra coisa chegar a uma resposta diferente, podemos usar a lógica e a razão para descobrir o porquê disso e decidir quem tem a maior probabilidade de estar correto. Como líder, essa pode ser uma das ferramentas mais eficazes para se evitar o efeito manada e facilitar o pensamento crítico. Ao fazer com que cada uma das pessoas envolvidas no processo de tomada de decisão formule sua própria previsão rápida antes de ouvir outras soluções, elas são estimuladas a ter convicção e a sustentar seu processo de pensamento.

Embora nosso cérebro tenha evoluído para ser altamente competente em decisões de custo-benefício, ele pode ser muito aprimorado quando aplicamos os princípios de probabilidade por meio da previsão rápida. Essa abordagem pode ser benéfica mesmo para um pensamento complexo de alto nível. Tomemos como exemplo a física teórica, que parece ser tão complexa e tão precisa que uma abordagem aproximada não teria grande valor. No entanto, aqui está uma citação de Richard Feynman, um dos maiores físicos do século XX:

> Passei alguns anos tentando inventar conceitos matemáticos que me permitissem resolver as equações, mas não cheguei a lugar algum, então decidi que, para conseguir isso, eu deveria primeiro entender mais ou menos de que jeito seria a resposta. É difícil explicar isso direito, mas eu precisava ter uma ideia qualitativa de como o fenômeno funciona antes de ter uma boa ideia quantitativa. Em outras palavras, as pessoas não entendiam o funcionamento nem mesmo de forma aproximada, então eu tenho trabalhado... em entender esse funcionamento ainda não quantitativamente, mas de maneira aproximada, na

esperança de que, no futuro, esse entendimento aproximado possa ser refinado até se tornar uma ferramenta matemática precisa.

Não importa o quanto uma decisão é difícil, você consegue chegar ao seu valor esperado por conta própria. É um ponto de partida em que você é responsável pela compreensão das relações dentro de um sistema. Ele sempre pode ser adaptado e refinado depois. Mas a previsão rápida de uma solução nos previne de abrir mão de nosso recurso mais valioso: a capacidade de um pensamento crítico.

Até aqui, vimos como escolher a melhor opção com base em seu valor esperado. Mas a questão é: como podemos desenvolver mais opções, especialmente aquelas não convencionais que têm o potencial de ser uma solução mais eficaz?

5

CRIATIVIDADE

Na tarde de 16 de janeiro de 1991, um carro alugado empoeirado passou em alta velocidade pela pista da base operacional avançada de Al Jouf, no leste da Arábia Saudita. Localizado ao longo da fronteira com o Iraque, o desolado posto avançado havia sido escolhido como ponto de partida para o primeiro ataque da Guerra do Golfo. No carro estava o comandante da base, que acabara de receber uma mensagem ultrassecreta informando que, após meses de planejamento e incontáveis horas de preparativos, a missão agora estava em andamento – em pouco menos de doze horas, suas equipes decolariam, marcando o início de um ataque maciço e coordenado contra o regime de Saddam Hussein.

O sucesso daquela missão era vital para a guerra – eles abririam uma brecha na rede de defesa aérea iraquiana, o que permitiria que os caças da coalizão se infiltrassem em meio ao elemento surpresa e atingissem alvos críticos em todo o país. A missão era tão importante que tanto o Presidente do Estado-Maior Conjunto dos Estados Unidos e o Secretário de Defesa foram pessoalmente à Arábia Saudita para revisar o plano.

A preparação para o ataque havia começado seis meses antes, quando Saddam Hussein, incapaz de pagar os bilhões de dólares que havia tomado emprestado do Kuwait como financiamento de sua guerra contra o Irã, invadiu o pequeno país rico em petróleo. Em poucas horas, o Kuwait caiu e, logo depois, foi renomeado como a 19ª província do Iraque. Para deses-

128 | A ARTE DE PENSAR COM CLAREZA

tabilizar ainda mais a região, o ditador iraquiano começou a mobilizar seus militares para uma invasão da Arábia Saudita, que, se fosse bem-sucedida, daria a ele o controle sobre mais da metade das reservas de petróleo conhecidas no mundo.

A comunidade internacional reagiu com medo e indignação. Inicialmente, a resposta se limitou aos canais diplomáticos – tanto o Conselho de Segurança da ONU quanto a Liga Árabe condenaram a invasão e ordenaram a retirada imediata das forças iraquianas. Logo em seguida, sanções econômicas foram impostas ao Iraque, e um bloqueio naval foi realizado para impor um embargo comercial total.

Com Saddam seguindo com suas ameaças à Arábia Saudita, o presidente George H. W. Bush, a pedido do rei Fahd da Arábia Saudita, lançou a Operação Escudo do Deserto para proteger o país, enviando dois grupos de combate naval, junto a centenas de F-15 e F-16 da Força Aérea dos EUA que fariam patrulhas aéreas 24 horas por dia. Ao mesmo tempo, ele autorizou o comandante das forças da coalizão, general Norman Schwarzkopf Jr., a iniciar o planejamento de uma operação ofensiva com o intuito de remover as forças de Saddam do Kuwait, caso os meios diplomáticos e econômicos fracassassem.

O planejamento para a guerra aérea ocorreu no porão de um prédio da Força Aérea Real Saudita em Riad, que foi apelidado de "Buraco Negro", pois aqueles que eram selecionados e mandados para além da guarda armada pareciam desaparecer. Somente os que estavam dentro do bunker sabiam do verdadeiro propósito de estarem ali: um ataque ofensivo. Para os que estavam do lado de fora – até mesmo seus supervisores –, a natureza da missão era puramente defensiva. Isso significava que muitos dos planejadores tinham de manter um trabalho de fachada em paralelo para não levantar suspeitas. Foi lá que os planejadores elaboraram os fundamentos de uma campanha aérea estratégica em quatro fases, incluindo um primeiro ataque severo, com o objetivo de destruir os radares de alerta antecipado localizados no oeste do Iraque, a fim de isolar Saddam efetivamente.

Naquela época, o exército iraquiano era o quarto maior do mundo, com mais de um milhão de soldados equipados com um grande arsenal de armas tecnológicas sofisticadas, incluindo um sistema de defesa aérea em

CRIATIVIDADE | 129

camadas, com mais de *setecentas* aeronaves táticas e *dezesseis mil* mísseis terra-ar. Adotando a doutrina soviética, sua defesa aérea foi projetada em torno de um sistema computadorizado chamado KARI, que funcionava como um sistema automatizado de comando e controle, transformando as diversas unidades em uma força de combate coesa, controlada por Saddam. O sistema KARI estava alojado em um bunker subterrâneo nos arredores de Bagdá, que agora era o ponto mais fortemente guarnecido do mundo. Protegido por quase 65% dos mísseis terra-ar do Iraque e mais da metade de sua artilharia antiaérea, ele estava sob uma proteção muito mais forte do que Hanói durante a Guerra do Vietnã, que, na época, era considerado um lugar com uma das defesas mais potentes do planeta.

Uma das maiores prioridades dos ataques iniciais da guerra era a destruição do sistema KARI. Os iraquianos confiavam no KARI praticamente de olhos fechados, e destruí-lo deixaria muitas das unidades sem orientação e incapazes de estabelecer uma defesa coordenada. Por se tratar de um alvo tão resistente e localizado bem no meio do território inimigo, não era possível atingi-lo sem antes avançar para o interior do país.

A alimentação de informações para o sistema KARI vinha de uma cadeia de radares de alerta antecipado nos arredores do país, que atuavam como olhos. Assim que as aeronaves da coalizão entrassem no espaço aéreo iraquiano, elas seriam detectadas, o que dava bastante tempo para Saddam erguer suas defesas aéreas e, possivelmente, lançar um contra-ataque com seus mísseis táticos, alguns dos quais, supostamente, estariam carregados com armas químicas. Era necessário encontrar uma maneira secreta de destruir algumas das estações de radar, criando assim um corredor para que as centenas de caças da coalizão pudessem entrar no país sem serem detectados e atingir alvos vitais, incluindo o sistema KARI e até mesmo o próprio Saddam.

O sistema de defesa aérea iraquiano foi projetado, acima de tudo, para defender o país do Irã ao leste, da Síria ao norte e de Israel a oeste. No entanto, as autoridades do país não previram um ataque vindo de sua fronteira sul, a Arábia Saudita. As forças de coalizão que se aglomeravam na Arábia Saudita só precisavam passar por uma pequena "cerca de madeira" naquelas estações de alerta antecipado, em vez da formidável cobertura sobreposta presente no restante do país. Com a ajuda da CIA e de um engenheiro que havia auxiliado a projetar o sistema KARI, os planejadores conseguiram identificar três lados do radar que, se destruídos, criariam um corredor de 32 quilômetros de largura para o ataque aéreo.

O problema, entretanto, era encontrar uma maneira de atacar as estações de radar sem serem notados. Se qualquer um dos radares detectasse um ataque, eles passariam imediatamente a informação para o sistema KARI, e toda a defesa aérea iraquiana seria acionada. Isso descartou a ideia de um ataque convencional de caças ou bombardeiros, pois eles seriam detectados assim que cruzassem a fronteira com o Iraque. Mesmo voando em baixa altitude, eles seriam vistos com antecedência e os radares iriam reportar um ataque em andamento.

Outro problema enfrentado pelos planejadores era garantir a destruição das estações. Os iraquianos estavam constantemente mudando seus equipamentos de lugar, coisa que dificultava o ataque. Com as informações de inteligência chegando muitas vezes com dias de atraso, isso significava que qualquer força de ataque tinha de estar preparada para ser flexível e ajustar seus pontos de mira assim que captasse visualmente seus alvos. Isso excluía a possibilidade de um ataque com mísseis de cruzeiro e Tomahawks. Além disso, os mísseis não conseguiriam passar por uma avaliação de danos de batalha após o ataque, e isso era uma informação crucial para as aeronaves de acompanhamento.

Enquanto os planejadores seguiam à procura de uma solução, um deles encontrou por acaso um jovem capitão chamado Randy O'Boyle. O'Boyle pilotava o pesado helicóptero MH-53 Pave Low e havia sido designado para ajudar a desenvolver os planos de busca e resgate aéreo dos pilotos que eram abatidos atrás das linhas inimigas. O'Boyle estava analisando um mapa do país com todas as unidades inimigas representadas e explicava a outro piloto como seus helicópteros poderiam destruir vários daqueles locais, o que lhes permitiria avançar ainda mais no país e reduzir o tempo necessário para resgatar os pilotos abatidos. O planejador, que passava por perto, perguntou como ele pretendia destruir as unidades inimigas, e O'Boyle, cuja unidade havia trabalhado extensivamente com unidades de contraterrorismo antes da guerra, respondeu que as equipes das forças

CRITICADE | **131**

especiais poderiam se infiltrar no país por terra, destruir as unidades e depois poderiam ser apanhadas por helicópteros Pave Low – essa seria uma missão fácil em comparação com as missões para as quais eles haviam treinado anteriormente.

O plano não era padrão, mas, depois de ouvi-lo, o planejador pediu que O'Boyle o acompanhasse até o andar de cima. Após passar por uma porta vigiada e entrar numa sala de conferências secreta, O'Boyle se juntou a uma reunião em andamento com o general da Força Aérea encarregado de planejar a guerra aérea. O planejador disse a O'Boyle para repetir o que ele acabara de lhe dizer. Depois disso, a ideia ganhou força e logo foi incorporada ao plano geral de guerra.

No entanto, em setembro – após o presidente ter sido informado sobre o plano –, uma grande solicitação da equipe de forças especiais, que incluía 25 veículos terrestres equipados com GPS, chegou à mesa de Schwarzkopf, que não gostou nada daquilo. O Comando de Operações Especiais havia percebido a influência que eles tinham sobre a missão e aproveitou a oportunidade para pedir, como lembrou um dos planejadores, "equipamento suficiente para equipar um país do *terceiro mundo*". Além disso, Schwarzkopf, que havia sido um soldado altamente condecorado no Vietnã, havia entrado em conflito com as forças de operações especiais durante a guerra. Em sua opinião, as unidades "de ponta" muitas vezes exageravam em suas capacidades e eram indisciplinadas. Ele não permitiria que elas colocassem em risco o sucesso da guerra. Ele considerou a operação muito arriscada e rejeitou toda a primeira fase da guerra aérea, ordenando que os planejadores encontrassem uma solução melhor para destruir as estações de radar.

Nos dias que se seguiram, os planejadores trabalharam noite e dia para encontrar soluções alternativas. Para maximizar a sobrevivência da onda aérea seguinte, o ataque teria de ocorrer no meio da noite e sem a claridade da lua. Na paisagem sem distinção do deserto, onde os ventos deslocam constantemente as dunas de areia, a navegação tornava-se extremamente difícil. O capitão O'Boyle tinha outra solução: embora a constelação de satélites GPS ainda estivesse a vários anos de distância de sua capacidade total, seus helicópteros Pave Low foram equipados com receptores GPS que forneciam cobertura durante vinte horas por dia. Sendo os únicos helicóp-

132 | A ARTE DE PENSAR COM CLAREZA

teros do mundo com receptores de GPS e radar de acompanhamento de terreno, os Pave Low poderiam navegar por aquele deserto sem características distintas, se o momento fosse adequado. Uma vez lá, os helicópteros poderiam desativar as unidades inimigas usando suas metralhadoras de calibre .50 equipadas com munição especializada. A ideia foi levada à cadeia de comando e, por fim, aprovada para desenvolvimento.

A complicação do plano do capitão O'Boyle era a escassez de poder de fogo – as metralhadoras do Pave Low não eram capazes de destruir totalmente as estações de radar, que consistiam em dezenas de veículos e edifícios. Por fim, foi apresentada a ideia de que os Pave Low poderiam se unir aos Apaches AH-64 do Exército: helicópteros de ataque equipados com mísseis Hellfire, foguetes Hydra e metralhadoras de 30 mm muito maiores – poder de fogo suficiente para garantir a destruição total dos locais. O plano foi aperfeiçoado ainda mais e, quando Schwarzkopf foi informado, enfatizou-se que, sem a força mista, a missão não seria possível. Apesar de sua aversão a qualquer coisa rotulada como "operações especiais", Schwarzkopf concordou e aprovou o plano.

A equipe integrada começou a planejar em conjunto no deserto da Arábia Saudita, a 700 quilômetros de distância de onde o ataque aconteceria. Os Pave Low foram liderados pelo tenente-coronel Richard Comer, do Vigésimo Esquadrão de Operações Especiais, enquanto os Apaches foram liderados pelo tenente-coronel Dick Cody, da 101ª Divisão Aerotransportada. Relembrando a maneira como o Exército e o Corpo Aéreo do Exército haviam trabalhado juntos de maneira bem-sucedida durante a invasão do Dia D na Segunda Guerra Mundial, eles decidiram chamar sua organização composta de Força-Tarefa Normandia. A força seria dividida em três equipes – vermelha, branca e azul –, cada uma responsável por destruir uma das três estações de radar de alerta antecipado. O sigilo era fundamental, e somente aqueles que precisavam saber seriam informados sobre a missão. Como Richard Comer relembra: "Coloquei nosso melhor piloto para planejar a missão. Ele e eu éramos os únicos no esquadrão que sabíamos de tudo."

Em outubro, as equipes ainda treinavam juntas, percorrendo centenas de quilômetros todas as noites em preparação para a missão real.

CRIATIVIDADE **133**

"Todo o nosso treinamento foi feito numa área restrita de testes", disse Cody. "Nunca praticamos a rota devido à sensibilidade da missão. (...) Todas as redes de coleta de informações estavam ativas – e todo o restante. Portanto, tudo foi executado como parte do treinamento conjunto."

Além das táticas, havia desafios mecânicos significativos a serem superados. É sabido que os helicópteros exigem uma alta manutenção, mesmo nas melhores condições. As altas temperaturas, somadas à areia levantada pelos ventos, estavam causando estragos nos componentes eletrônicos sensíveis e nas pás do rotor dos helicópteros. Isso exigia manutenção ininterrupta, incluindo a repintura constante das pás do rotor pelas equipes de terra, a fim de combater os efeitos da areia abrasiva. Além dos problemas mecânicos, o alcance limitado dos Apaches também representava um problema.

Os Apaches não teriam combustível suficiente para atingir os alvos e voltar para casa, pois não havia onde encher os tanques. Inicialmente, o plano previa a instalação de um depósito de combustível ao longo da fronteira, ou até mesmo dentro do Iraque, onde os Apaches poderiam pousar e reabastecer. Isso, no entanto, aumentaria a complexidade e o risco de os iraquianos se acautelarem. E também trazia lembranças da catástrofe do Deserto Um, quando a equipe de um helicóptero foi envolvida numa nuvem de poeira durante o reabastecimento e colidiu com outra aeronave, resultando na morte de oito militares.

Um dos pilotos mais jovens da missão encontrou uma solução: eles poderiam acoplar um tanque de combustível externo de quase oitocentos quilos à área interna de armazenamento de armas do Apache. A ideia não convencional custaria a cada helicóptero um rack inteiro de mísseis, mas aumentaria suficientemente seu alcance, eliminando assim a necessidade de um posto de reabastecimento. Era um procedimento não testado e aumentava o peso bruto do helicóptero para mais de setecentos quilos além de seu peso apropriado para combate; no entanto, acharam que este era um risco que valia a pena correr. Como alternativa, as equipes do Pave Low conseguiram criar uma maneira de transferir combustível de seus próprios helicópteros para os Apaches usando mangueiras de incêndio emprestadas dos corpos de bombeiros locais da Arábia Saudita. "Estava longe de ser uma operação certificadamente segura, mas se fosse necessário implementá-la, nós tínhamos os helicópteros preparados", disse Comer.

No fim de novembro, com Saddam aumentando suas ameaças à Arábia Saudita e ao restante da região, o Conselho de Segurança da ONU adotou a Resolução 678, estabelecendo 15 de janeiro como prazo final para a retirada do Iraque do Kuwait por "todos os meios necessários". Foi, de fato, uma autorização para a guerra. Naquela época, a coalizão havia crescido para 39 nações, a maior desde a Segunda Guerra Mundial, e consistia em quase um milhão de soldados, setecentos mil deles enviados pelos Estados Unidos.

A força-tarefa continuou a treinar no norte da Arábia Saudita. Voar à noite sem a ajuda da claridade da lua era difícil – os helicópteros precisavam manter uma separação de apenas três rotores entre eles e, ao mesmo tempo, voar numa trajetória de apenas cinquenta pés acima das dunas ondulantes de areia. Qualquer distância superior a 30 metros permitiria que os radares os detectassem, fazendo as aeronaves correrem o risco de serem alvejadas e comprometendo toda a onda do ataque inicial. A noção do momento certo era crucial. "Não adiantaria nada atingir uma estação de radar e, dois minutos depois, atingir outra", disse Cody. "Tínhamos de agir para que os componentes cruciais desses radares fossem derrubados no mesmo instante, de forma que Bagdá não fosse alertada para ativar seus MiG-29 e sistemas de interceptação de controle de solo."

Em dezembro, a inteligência indicou que a terceira estação de radar de alerta antecipado não estava conectada ao sistema de defesa aérea iraquiano, logo, ela não precisava ser destruída. Assim, a força-tarefa se consolidou em apenas duas equipes: Vermelha e Branca. Noite após noite, eles praticaram a infiltração de espaço aéreo vetado e o ataque simultâneo de dois alvos – geralmente ônibus de ferro-velho, que eles transformavam em metal fumegante. Depois de cada ataque, eles informavam o nível de destruição como Charlie para danos mínimos, Bravo para destruição parcial e Alpha para destruição total.

Em 14 de janeiro, a Força-Tarefa da Normandia recebeu ordens para se deslocar para Al Jouf e estar a postos antes do anoitecer. Ainda não havia nenhuma informação sobre quando a guerra começaria, mas com o prazo da ONU se aproximando, não demoraria muito. Um dos principais indi-

CRIATIVIDADE | **135**

cadores do início de uma guerra são os grandes movimentos de tropas, e isso dificultou o voo da força-tarefa. "Tivemos que fazer de forma furtiva, sem estabelecer um padrão", disse Cody. "Entramos na Cidade Militar King Khalid, sem chamadas de rádio nem nada, abastecemos lá e decolamos imediatamente. Já havia uma enorme quantidade helicópteros operando a partir da CMKK, por isso nossa operação pareceria um exercício de treinamento rotineiro." Seguindo para o oeste sobre o terreno plano, os helicópteros voaram baixo para escaparem dos radares que eles, em breve, iriam destruir.

A MISSÃO

Em 17 de janeiro de 1991, precisamente às 0h56, quatro helicópteros MH-53 Pave Low da Força Aérea e nove helicópteros AH-64 Apache do Exército decolaram em duas formações como parte da Força-Tarefa Normandia. Depois de horas a fio de treinamento e simulações, a última etapa foi a execução da missão. "Sabíamos que estávamos prestes a fazer história dando início a uma guerra bastante significativa para o nosso país", disse o agora aposentado major-general Comer. "Não nos restava mais nada a fazer a não ser executar a missão."

O grau de resistência que encontrariam ainda era uma incógnita. "Para cada 50 soldados iraquianos, esperava-se que houvesse um SA-7 ou SA-14 [mísseis terra-ar de baixa altitude]", disse Comer, que voou em um dos Pave Low. "Prevíamos um perigo real e possíveis perdas de nossos MH-53." A bordo dos Pave Low, havia saltadores de elite da Força Aérea para o caso de algum dos helicópteros cair na área do alvo. Outros helicópteros Seahawk e Pave Hawk também levantaram voo para qualquer imprevisto.

Pouco depois das duas da manhã, as formações cruzaram a fronteira com o Iraque. "Estávamos tensos e alertas naquele voo de quarenta minutos com destino ao Iraque antes do início da guerra." Os helicópteros voaram a apenas 15 metros acima do solo para evitar serem detectados pelos radares que deveriam destruir. Viajando a 225 km/h, sem luzes de navegação numa noite sem a luz do luar e com os rádios desligados, eles atravessaram o terreno a caminho de seus alvos. "Estávamos vendo as coisas pela primeira vez", disse Cory. "A maior parte do nosso treinamento foi feita na costa leste da Arábia Saudita, onde o terreno é muito, muito plano e com dunas de areia. Estávamos a cerca de 1.100 quilômetros a noroeste, e tudo era totalmente diferente. Havia pequenos planaltos e um pouco mais de relevo, aumentando ainda mais o perigo."

Pouco depois de entrarem no Iraque, os pilotos da Equipe Branca observaram o solo à sua frente se iluminar com munições traçantes. Eram disparos de armas pequenas – provavelmente soldados iraquianos surpresos que estavam atirando às cegas na direção do barulho enquanto os helicópteros passavam por cima. Os helicópteros evitaram os disparos, mas a questão era: será que a missão havia sido comprometida?

Depois de quase uma hora e meia variando a rota de voo para evitar qualquer ponto de vigilância suspeito do inimigo, os Pave Low finalmente chegaram aos locais de pouso pré-designados, a 16 quilômetros de distância das estações de radar. Lançando luzes químicas infravermelhas pela parte traseira dos helicópteros – visíveis apenas para aqueles com óculos de visão noturna –, os Pave Low mantiveram-se afastados no aguardo dos Apaches.

Os Apaches voaram sem pressa sob a orientação das luzes, atualizando seus sistemas de navegação à medida que se dirigiam para as estações de radar. Em seguida, entraram em suas posições de tiro e pairaram a 8 quilômetros de distância de seus alvos, enquanto os artilheiros confirmavam que o equipamento correspondia às imagens da inteligência. Usando localizadores de alcance a laser, cada Apache desenvolveu uma solução de disparo direcionada a diferentes partes da estação de radar. Por fim, o piloto principal do Apache rompeu o silêncio da noite ao acionar seu rádio e transmitir: "A festa começa em dez." Dez segundos depois, todas as equipes começaram a lançar seus mísseis Hellfire.

Após quinze segundos de voo, os mísseis começaram a detonar seus alvos, destruindo os geradores, os bunkers de comando e as antenas de radar. Com o disparo de mais de quarenta mísseis Hellfire, os Apaches se aproximaram a uma distância de 2 quilômetros e começaram a disparar foguetes Hydra – cada um com mais de mil flechettes de aço temperado, todos seguindo trajetórias independentes. No total, eles dispararam mais

CRIATIVIDADE | **137**

de cem foguetes. Finalmente se aproximaram a 800 metros e abriram fogo com suas metralhadoras, disparando quatro mil tiros de calibre 30 mm de alto poder explosivo contra todos os alvos que ainda estavam de pé.

"Eram disparos incessantes", disse Cory. "Míssil atrás de míssil, foguete atrás de foguete, 30mm atrás de 30mm vindo de quatro aeronaves. Enfrentamos suas ZPU [metralhadoras antiaéreas soviéticas] e a artilharia antiaérea e as eliminamos. Levou entre três minutos e meio e quatro minutos e meio para derrubá-los."

Os Apaches então se aproximaram dos alvos para filmar o estrago. O que não havia explodido em uma gigantesca bola de fogo por causa da detonação das reservas de combustível fora reduzido a ruínas e cinzas. Os dois locais ficaram totalmente destruídos. Os Apaches comunicaram o resultado pelo rádio aos Pave Low que os aguardavam:

"Califórnia – Alfa, Alfa, Alfa"
"Nevada – Alfa, Alfa, Alfa."

Os Pave Low, por sua vez, transmitiram as informações via satélite para o quartel-general, onde Schwarzkopf respondeu: "Graças a Deus."

Enquanto os helicópteros se dirigiam ao ponto de encontro, um dos Pave Low foi alvejado por vários mísseis portáteis guiados por calor:

"Os SA-7 pareciam estar sendo disparados com precisão", disse Comer. "A equipe do Pave Low identificou os mísseis que se aproximavam. [Eles] pediram que os helicópteros parassem e lançassem alguns sinalizadores para despistá-los. Os movimentos bruscos dos helicópteros, além das IRCM [contramedidas infravermelhas], parecem ter sido o que impediu que os mísseis atingissem os helicópteros."

Quando as duas formações de helicópteros retornaram, era possível ver as centenas de aeronaves que compunham a primeira onda de ataques atravessando a fronteira. "Você olhava para o sul e via as luzes alinhadas piscando", disse o piloto do Pave Low líder. "Dava pra ver muito longe com os óculos de proteção. E era um deserto, por isso era claro. Havia luzes anticolisão alinhadas; parecia uma rodovia de Los Angeles. (...) E todos estavam indo atrás desses grandes pisca-piscas... os aviões-tanque. E de repente surgia um ponto sem luzes. E aí eles abasteciam, desconectavam, apagavam as luzes e seguiam para o norte."

Depois da missão, um dos pilotos de caça da onda de ataques escreveu uma carta para as tripulações da Força-Tarefa Normandia dizendo: "Durante o briefing [da missão], notamos que nossa rota de voo nos levava diretamente para cima de um local onde havia um radar ativo. (...) Nos disseram para não nos preocuparmos com isso. Vimos as explosões e os seus helicópteros em nossos termovisores enquanto voávamos acima de vocês. Foi um alívio imenso!"

"Os iraquianos agora não tinham olhos para monitorar grande parte de suas fronteiras", disse Comer. "Acredito que ninguém detectou nossa onda inicial de caças entrando no Iraque."

Logo após a destruição dos radares de alerta antecipado, ondas de aviões de combate da Força Aérea e da Marinha destruíram os principais centros de defesa aérea do país. Para evitar uma defesa nacional coordenada, eles atingiram bunkers de comando militar, o terreno presidencial e a principal central telefônica do Iraque, além de outros centros de comunicação importantes. Concomitantemente, 52 mísseis Tomahawk atingiram outros alvos críticos em todo o país: um terço deles atingiu a rede elétrica nacional, desligando a energia dos sistemas de defesa aérea do país, enquanto o restante atingiu outros alvos principais, como instalações de suporte de mísseis e o próprio Saddam.

A força-tarefa se desfez assim que os helicópteros voltaram à Arábia Saudita – os Apaches voltaram para a base, e os Pave Low seguiram de imediato para a missão de busca e resgate. A análise simulada que estava sendo feita no Pentágono projetou que mais de 125 pilotos precisariam ser resgatados após serem abatidos.

"Ficamos muito surpresos de não termos recebido nenhum relato de abate na primeira noite", disse Comer. "Soubemos mais tarde que um avião da Marinha havia sido afundado por disparos, a partir da confirmação de um piloto de que a embarcação havia explodido e não havia expectativa de sobreviventes. Minha expectativa era de 2% de perdas entre os caças.

CRIATIVIDADE | **139**

Eram expectativas realistas com as quais, creio eu, todos os generais estavam de acordo."

Nos 42 dias e noites seguintes, o poder aéreo da coalizão submeteu o Iraque a um dos bombardeios aéreos mais intensos da história militar. Com o lançamento de quase cem mil missões, principalmente da Arábia Saudita, somados a seis grupos de porta-aviões de combate estacionados no Golfo Pérsico, a coalizão logo dizimou o KARI e o restante do sistema de defesa aérea iraquiano, privando Saddam da capacidade de controlar suas forças. No passado, como na Guerra Irã-Iraque, Saddam havia microgerenciado suas forças, muitas vezes desencorajando a iniciativa nos níveis inferiores. Agora, sem orientação, suas forças desintegraram-se sem demora.

Depois de dizimar o exército iraquiano pelo ar, a guerra terrestre começou em 26 de fevereiro. Milhares de tanques e veículos de combate de infantaria atravessaram a fronteira, perfurando as defesas iraquianas. Três das maiores batalhas de tanques da história norte-americana se seguiram, com vitórias igualmente esmagadoras para a coalizão. Eles logo expulsaram as forças iraquianas do Kuwait, enquanto forças norte-americanas, britânicas e francesas continuaram a persegui-los pela fronteira com o Iraque, deixando um rastro de destruição que ficou conhecido como a Rodovia da Morte. Em 28 de fevereiro, cem horas após o início da campanha terrestre, o presidente Bush declarou um cessar-fogo, encerrando as operações de combate e pondo fim à guerra.

Em última análise, a Guerra do Golfo seria considerada uma das vitórias unilaterais mais decisivas da história contemporânea. Embora a coalizão tivesse vantagens numéricas e tecnológicas significativas, os resultados ainda foram chocantes. Durante a guerra, quase 200 mil soldados iraquianos foram mortos ou capturados. A coalizão, no entanto, perdeu apenas 292 soldados, dos quais a metade foi perdida em acidentes ocorridos antes ou depois da guerra, uma proporção sem precedentes, nunca vista na história dos conflitos armados.

Ainda que existam vários fatores que contribuíram para a vitória esmagadora da coalizão, um dos principais motivos foi um novo sistema de pensamento que incentivou a tomada de decisões criativas, chamado de *operações com base em efeitos*. Em vez dos meios tradicionais de conduzir

140 | A ARTE DE PENSAR COM CLAREZA

guerras, que dependiam de cada lado enviar suas forças para lutar entre si, muitas vezes em guerras sangrentas e desgastantes, as operações com base em efeitos eram um processo de obtenção de efeitos desejados através de uma abordagem sinérgica para derrotar o inimigo. Ao tratar o inimigo como um sistema e identificar as relações dentro desse sistema, a coalizão poderia então visar os pontos fracos que teriam uma influência extraordinária sobre ele.

Ao longo da história, os comandantes militares sempre buscaram condições para atingir seus objetivos. Mas foi somente na Guerra do Golfo que o rápido avanço da tecnologia finalmente permitiu que as operações com base em efeitos fossem usadas em todo o plano de guerra. Novos desenvolvimentos em comunicação, coleta de informações e teoria permitiram uma compreensão melhor das complexas relações em jogo em um país inimigo. Essa compreensão foi usada mais tarde para identificar alvos estratégicos vulneráveis que, com o advento das aeronaves furtivas e das armas inteligentes, poderiam ser destruídos com precisão. Isso permitiu que os planejadores atacassem muitos alvos ao mesmo tempo, levando a uma *guerra paralela*, conhecida na mídia como "choque e pavor" – uma demonstração de força avassaladora que paralisa a capacidade de operação do inimigo.

A essência das operações com base em efeitos era a separação clara entre os objetivos e as forças inimigas. Em combate, é fácil cair na armadilha da disputa de forças uma contra a outra – aeronaves *versus* aeronaves, tanques *versus* tanques, soldados *versus* soldados; no entanto, operações com base em efeitos não levam em conta o que produz o efeito, considera apenas o fato de ele ter sido alcançado. Se um centro de comunicação importante precisasse ser derrubado, ele poderia ser destruído por uma bomba, que seria a solução tradicional, ou poderia ser obstruído, sofrer um ataque cibernético, ser sabotado, invadido ou qualquer uma das muitas soluções. Se outras fontes de poder, como recursos diplomáticos, informacionais ou econômicos, pudessem ser aplicadas de forma mais eficaz, então as forças nem sequer precisariam ser acionadas.

Na Guerra do Golfo, as operações com base em efeitos foram fortemente integradas ao planejamento e à execução. Como disse o coronel John Warden, um dos principais teóricos do poder aéreo, cujo conceito se tornou a essência da campanha Tempestade no Deserto:

CRIATIVIDADE | **141**

Como planejador ou comandante, você deve ser capaz de relacionar o que cada bomba tem a ver com a paz desejada após a guerra. Se não puder dizer como uma determinada bomba se relaciona com a paz que virá a seguir, então é provável que você não tenha feito a lição de casa corretamente e não deve lançar essa bomba em questão.

Durante a guerra, os líderes militares tiveram mais liberdade do que nunca na combinação dos melhores elementos de terra, mar, espaço e ciberespaço para encontrar soluções. O resultado foi a liberação de um potencial criativo que culminou na dizimação do exército iraquiano.

Atualmente, as operações com base em efeitos são o padrão para o planejamento e a execução de missões. Trata-se de uma estrutura de orientação que permite soluções mais efetivas e eficientes. Elas facilitam a solução de problemas entre diferentes disciplinas, organizações e níveis. É um dos principais fatores que ajudaram as Forças Armadas a superar as conhecidas disputas internas entre as áreas. O conceito não apenas é relevante para os militares, como também é um modo de pensar e um guia, uma forma ágil de gerenciar projetos que pode ser aplicada em todos os níveis de uma organização para que o potencial criativo seja liberado. Aqui estão os princípios gerais:

1. Tarefas e operações devem ser guiadas pelos estados finais desejados

Uma abordagem com base em efeitos deve partir dos resultados desejados e funcionar de trás para a frente. Isso permite que se estabeleça uma estratégia integrada durante todo o planejamento e toda a execução que sustenta os objetivos. Muitas vezes, é possível obter excelentes resultados em efetividade e eficiência ao sincronizarmos as operações. Quando analisados em um contexto geral, muitos processos costumam ser redundantes e, por isso, podem ser eliminados. Essa mentalidade não vai ao encontro da maneira como muitas organizações operam, em que o planejamento é feito a partir de um determinado conjunto de recursos e capacidades para só então se chegar ao que pode ser realizado com eles.

142 | A ARTE DE PENSAR COM CLAREZA

Trabalhar de trás para a frente, sempre com o resultado desejado em mente, pode ajudar a evitar que o planejamento e a execução sejam focadas demais no processo. Quando isso acontece, as pessoas passam a ter um foco restrito e perdem a visão geral, reduzindo sua flexibilidade e criatividade. Quanto maior for a organização, mais as pessoas serão naturalmente inclinadas a se concentrar em seu conjunto de problemas restritos, exigindo um esforço maior da liderança para explicar *por que* os efeitos estão sendo gerados.

A Força-Tarefa Normandia aderiu a esse princípio ao identificar o sistema de defesa aérea KARI como o principal meio de os iraquianos detectarem um ataque da coalizão. Uma vez identificado, os analistas de inteligência encontraram o ponto mais fraco daquele sistema: duas estações de radar remotas no meio do deserto. Só então eles começaram a planejar uma forma de desativá-las.

A lição também pode ser encontrada nos negócios: satisfazer a necessidade do cliente deve ser o estado final desejado. Por mais revolucionária que uma nova tecnologia seja, é difícil que ela se torne um sucesso comercial quando não há uma necessidade clara. Essa necessidade pode ser prevista ou pode nem mesmo ser conhecida de forma consciente pelo cliente; no entanto, todo produto deve passar no teste da satisfação da necessidade do cliente.

Começar pelo objetivo final e trabalhar de trás para a frente é também o caminho para o aperfeiçoamento individual. Trabalho árduo e talento não bastam para alguém se tornar um profissional de destaque em determinada área. É necessário um plano claro e eficiente sobre como chegar lá. Ao identificar o estado final durante o aprendizado de uma nova habilidade, é possível desenvolver um plano que se integre ao conjunto atual de habilidades e maximize seu potencial.

2. Efeitos acima das ferramentas

Uma abordagem com base em efeitos concentra-se na causa e no efeito de cada ação tomada para que o estado final possa ser alcançado. O objetivo é desmembrar todas as exigências até o ponto em que elas não estejam

CRIATIVIDADE | 143

vinculadas a uma ferramenta nem a um processo específico. Um erro que muitas pessoas e organizações cometem é ter uma noção preconcebida dos recursos que precisam utilizar para resolver determinado problema. Mas a ferramenta ou o processo usado não é tão importante quanto os efeitos que eles geram.

A Força-Tarefa Normandia é um ótimo exemplo disso: pela orientação tradicional, helicópteros nunca teriam sido usados na execução dos ataques iniciais de uma grande guerra. No entanto, os planejadores, em vez de se prenderem às ferramentas disponíveis, pensaram nos efeitos que tinham de obter. Eles determinaram que era preciso (1) encontrar as estações de radar no deserto remoto à noite, (2) não serem detectados, (3) destruir os locais e (4) receber a confirmação de que os locais haviam sido destruídos. Depois que esses efeitos foram estabelecidos, o meio para obtenção mais eficiente que surgiu foi algo que nunca havia sido feito antes: combinar os Pave Low da Força Aérea com os Apaches do Exército na formação de uma força-tarefa.

A lição de que efeitos são preferíveis a ferramentas e processos também serve para o mundo dos negócios. Um produto representa centenas de conceitos que precisam ser agrupados com diferentes vantagens. O desafio é encaixar bem todos esses conceitos para criar um produto excelente. Desde o início haverá restrições intransponíveis que devem ser contornadas. Essas restrições geralmente têm base na física – há um limite no que pode ser feito com os materiais e os componentes eletrônicos. Outras restrições serão mais fáceis de se lidar; mas, elas ainda apresentarão níveis variados de dificuldade. Ao dividir os requisitos em efeitos desejados menores, podemos recombiná-los em uma forma mais efetiva e eficiente de resolver as necessidades do cliente.

O mesmo se aplica às decisões cotidianas. Se você precisa de um meio de transporte para ir ao trabalho, a necessidade não se resume a um carro. Ela deve ser desmembrada em efeitos desejados, como tempo de deslocamento, custo, número de passageiros, confiabilidade, facilidade de uso e assim por diante. Depois de dividir o problema em efeitos desejados, é possível encontrar uma solução inovadora que seja mais eficaz, como um serviço de carro, carona compartilhada, transporte público, caminhão ou qualquer outra solução. Embora um carro possa ser a melhor opção, dividir o requisito em efeitos desejados nos dá pelo menos uma oportunidade para explorar soluções alternativas.

3. Encontre soluções que englobem os efeitos

A tomada de decisão consiste em encontrar a melhor solução entre as alternativas. Se houver apenas uma solução, então não há uma decisão a ser tomada. A questão é: como geramos as alternativas para depois avaliar o valor estimado delas? Essa capacidade é chamada de *criatividade*, e é frequentemente tratada como um talento inato. Embora exista alguma verdade nisso, há um modelo que pode ajudar bastante na busca por soluções inovadoras.

Até agora, falamos sobre a primeira etapa – dividir as necessidades em resultados. Se uma ferramenta ou um processo específico estiver vinculado a uma necessidade, então não será necessário buscar soluções alternativas. Entretanto, ao dividir o problema em efeitos necessários, podemos encontrar soluções que englobem o maior número possível deles. Esse estágio é um processo difícil para a maioria das pessoas – há uma tendência de se desviar rapidamente daquilo que é vago em direção ao que é bem definido.

A busca por alternativas é um processo vago e confuso, o que dá às pessoas a sensação de que elas não estão progredindo em direção ao objetivo final. Essa sensação pode ser ainda mais acentuada quando se tenta medir o progresso, o que acaba levando a uma escolha apressada de uma solução óbvia que funcionou no passado, mas que pode não ser a solução mais eficaz para a situação atual. Em um ambiente de grupo sem uma abordagem estruturada, uma vez que essas soluções óbvias são identificadas, elas servem como âncoras para a discussão restante e acabam impedindo um desenvolvimento completo das alternativas. Embora seja plausível que uma solução possa surgir de maneira imediata e atenda a todos os efeitos necessários, na maioria das vezes trata-se de um processo lento e estruturado, que eventualmente irá colocá-la em evidência.

O primeiro passo para se gerar alternativas é priorizar os efeitos necessários em ordem numérica. Uma vez feito isso, é possível identificar soluções que atendam apenas o resultado mais importante – não se preocupe com o restante. É claro que muitas dessas alternativas serão péssimas quando comparadas a todos os resultados necessários. No entanto, esse processo ajuda a remover nossa forte tendência a empregar otimizações imediatistas. Essa etapa é particularmente eficaz em ambientes de grupo, no qual as pessoas muitas vezes têm medo de falhar. Desenvolver soluções que atendam a todos os efeitos necessários pode ser um tanto difícil; mas encontrar soluções para apenas um resultado é bem mais fácil. Isso permite ganhos fáceis para as pessoas, levando a mais engajamento e mais alternativas. Uma vez identificadas as soluções para o resultado mais importante, o processo deve ser repetido para os efeitos subsequentes.

A próxima etapa é identificar alternativas que satisfaçam apenas os dois principais efeitos desejados. A sobreposição de requisitos reduzirá drasticamente o número de soluções viáveis. Esse processo deve ser repetido até que você tenha apenas alternativas que satisfaçam todos os resultados necessários. Lembre-se de que é impossível gerar todas as alternativas concebíveis, portanto, continue a manter a mente aberta para novas soluções até atingir a linha de corte de boas ideias. Muitas vezes, há uma oportunidade de se criar uma alternativa híbrida, recombinando os melhores elementos que você já concebeu. Feito isso, você poderá julgar todas as alternativas com base na eficácia e na eficiência em atingir seu objetivo.

4. A incerteza se reflete em flexibilidade

Um dos princípios das operações com base em resultados é o fato de que o mundo é composto de sistemas complexos e adaptáveis, que se chocam uns com os outros para criar um ambiente dinâmico e, muitas vezes, imprevisível. Pequenas mudanças nos estímulos podem criar resultados inesperadamente grandes. Mesmo que uma abordagem com base em resultados deva se concentrar no fato de todas as ações levarem a um estado final, é um erro pensar que podemos prever o futuro com alguma certeza.

As maneiras como as relações se dão geralmente não são lineares e estão à beira de pontos de virada. É provável que surjam comportamentos novos e imprevistos à medida que os sistemas interagem. Uma abordagem baseada em resultados, portanto, deve prever mudanças e, acima de tudo, permanecer flexível.

Após o sucesso da Tempestade no Deserto, muitos acreditavam que estávamos prestes a prever o resultado exato das guerras antes que o primeiro tiro fosse disparado. Com o aumento exponencial do poder de computação, acreditava-se na possibilidade da criação de modelos capazes de prever com precisão a interação do mundo ao nosso redor. Mas há uma grande diferença entre seguir uma abordagem de planejamento com base em resultados e tentar prever o futuro com precisão.

Uma das variáveis mais difíceis é entender a reação das pessoas. A mente humana representa talvez a maior fonte de incerteza para qualquer um que esteja tentando criar um modelo preditivo. Os seres humanos têm a capacidade de encontrar soluções novas e inovadoras que nunca foram concebidas antes. Eles aproveitam a tecnologia, os recursos e a força de trabalho para produzir uma vantagem desproporcional, criando deliberadamente o maior número possível de efeitos borboleta. Veja um confronto que ocorreu vários anos depois da Guerra do Golfo, entre a principal aeronave de ataque dos Estados Unidos, o caça furtivo F-117, e uma obsoleta base de mísseis terra-ar da década de 1950.

O NIGHTHAWK

Em 27 de março de 1999, uma aeronave pilotada pelo coronel Dale Zelko decolou em uma noite de lua cheia repleta de nuvens. Esse era o quarto dia da Operação Força Aliada – a guerra aérea sobre a antiga República da Iugoslávia. O coronel Zelko, um veterano condecorado da Tempestade no Deserto, estava no controle de uma das aeronaves mais inovadoras já desenvolvidas: o F-117 Nighthawk.

O Nighthawk era diferente de qualquer outro projeto de aeronave já feito. Construído com base no princípio de que a furtividade era o atributo mais importante, ele foi o resultado de vinte anos de progresso, que começou em um artigo de um matemático soviético que defendia que o retorno de radar de uma aeronave era mais relacionado à sua forma do que ao seu tamanho.

CRIATIVIDADE | 147

Com o avanço da tecnologia de radar, ficou cada vez mais difícil penetrar o espaço aéreo do inimigo. Já não era mais possível esperar que uma aeronave voasse baixo o suficiente para evitar sua detecção. Da mesma forma, a tecnologia de mísseis terra-ar havia se desenvolvido a ponto de tornar as aeronaves de alta altitude obsoletas. Agora, era necessário encontrar uma maneira de derrotar o próprio radar.

Em 1975, engenheiros do famoso laboratório Skunk Works – criadores do SR-71 Blackbird e do U-2 Dragon Lady – começaram a projetar uma aeronave que seria praticamente invisível ao radar. Desde o início, tratava-se de um projeto ultrassecreto, ou seja, não era reconhecido pelo governo. Para se chegar ao design furtivo, eles usaram modelagem de dados por meio de um supercomputador para organizar as superfícies da aeronave de forma que a energia do radar, ao atingir a aeronave, se dissipasse em ângulos inusitados, impedindo que a maior parte dessa energia retornasse ao radar.

Para reduzir ainda mais a assinatura do radar da aeronave, foi aplicado um revestimento exótico, contendo minúsculas esferas de ferro carbonílico em sua superfície. Quando a energia do radar atingia a aeronave, o revestimento convertia a energia em calor, que se dissipava na corrente de ar. Para mascarar seu padrão de calor, o mesmo material isolante do ônibus espacial foi usado em toda a parte inferior da aeronave.

Para testar o projeto, eles transportaram secretamente um modelo de teste para o deserto de Mojave e o colocaram em um grande suporte. Embora estivesse a menos de 2 quilômetros de distância do radar – um alcance extremamente curto para os padrões das aeronaves –, nada apareceu na tela do radar quando o ligaram. Os engenheiros, acreditando que o radar estava quebrado, começaram a trabalhar na solução do problema quando um pássaro pousou no modelo, o que foi registrado visualmente na tela. O radar estava, de fato, funcionando – os engenheiros haviam conseguido projetar uma aeronave tão furtiva que não podia ser vista nem mesmo por seus próprios equipamentos de teste.

O F-117 permaneceu como um programa não reconhecido por quase uma década, sem que quase ninguém, mesmo dentro do governo, soubesse de sua existência. Ele que salvou os Estados Unidos contra a União Soviética durante a Guerra Fria. Sua principal missão era penetrar a fundo as defesas aéreas inimigas e lançar armas nucleares nos alvos mais altamente protegidos e valiosos.

A aeronave era considerada uma vantagem tão grande para os Estados Unidos que medidas extremas foram tomadas visando garantir que sua existência fosse ocultada. Seus pilotos foram designados para o antigo A-7 Corsair II, na remota Tonopah Test Range, no deserto de Nevada. Durante o dia, eles faziam voos no A-7, sob o pretexto de estarem testando novos sistemas aviônicos. No entanto, assim que o sol se punha – sob a proteção da escuridão e longe dos espiões e satélites soviéticos atentos –, eles passavam a voar com o F-117 com seu formato de diamante. O programa era tão secreto que, quando um dos modelos caiu em 1986, provocando um pequeno incêndio florestal, a Força Aérea estabeleceu um espaço aéreo restrito e guardas armados bloquearam a entrada na área, incluindo os bombeiros. Helicópteros de combate circulavam pelo local enquanto os destroços eram coletados e substituídos pelos restos de um tipo diferente de aeronave.

O batismo de fogo do F-117 ocorreu durante a Tempestade no Deserto, em 1991. Lá, ele dominou as forças armadas iraquianas. Apesar de representar menos de 3% das aeronaves da coalizão, os F-117 destruíram mais de 30% dos alvos na primeira noite. Atingiram alvos principalmente em Bagdá, onde, apesar da presença de mais de dezesseis mil mísseis terra-ar, sete mil armas antiaéreas e oitocentos aviões de combate defendendo a cidade, nenhum F-117 foi perdido durante a guerra.

O INIMIGO

No lado oposto do campo de batalha, um sérvio chamado Zoltán Dani estava encarregado de um batalhão responsável por antigos mísseis superfície-ar SA-3. O SA-3 era um sistema de mísseis soviético baseado em terra, projetado no fim da década de 1950 para abater aeronaves inimigas. Quando foi lançado, ele tinha um alcance menor, uma altitude de engajamento mais baixa e mísseis mais lentos do que seus antecessores. Seu design frágil e complicado impedia sua mobilidade, tornando-o extremamente vulnerável a ataques. Em meados da década de 1990, o SA-3 havia se tornado obsoleto e fora relegado a Forças Armadas de segundo escalão, como o Exército iugoslavo.

Dani, no entanto, tinha experiência. Vinte anos antes, durante a Guerra do Líbano de 1982, ele viu os caças israelenses destruírem 29 das trinta bases de mísseis terra-ar em menos de duas horas. Aquilo o levou a desenvolver novas táticas visando aumentar a capacidade de sobrevivência de sua tropa. Ele começou dividindo o sistema em peças pequenas o suficiente para caber em caminhões. Embora o SA-3 não tenha sido projetado para ser um sistema móvel, ele descobriu que, com um treinamento extensivo, seu batalhão conseguia desmontar o local em noventa minutos. Isso permitiu que ele se deslocasse várias vezes por dia, dificultando a localização pelas forças aliadas.

Ele também entendeu que sua principal ameaça eram os mísseis HARM lançados pelas aeronaves de escolta da OTAN. Esses mísseis eram direcionados ao radar, mas ficavam sem orientação assim que o radar era desligado. Por isso, ele estabeleceu como regra estrita que seu radar só seria ligado duas vezes, vinte segundos por vez. Se seu batalhão não conseguisse abater uma aeronave, eles priorizariam a sobrevivência e iniciariam o processo de realocação.

Dani descobriu que seu radar SA-3 possuía um padrão eletrônico semelhante ao do radar de uma aeronave MiG-21. Acontece que a Iugoslávia tinha vários MiG-21 armazenados, que foram tomados do Iraque durante a Guerra do Golfo. Dani pediu a seus homens que retirassem os radares das aeronaves abandonadas e os colocassem ao redor do local onde seu batalhão estaria, longe de qualquer coisa de valor. Sempre que seu radar entrava em operação, ele ligava os radares MiG reaproveitados para desviar qualquer míssil que se aproximasse de seus valiosos equipamentos e operadores.

Dani também colocou espiões em torno das bases aéreas da OTAN na região para que, quando as aeronaves decolassem antes de uma missão, eles pudessem transmitir as informações, fornecendo-lhe alertas efetivos sobre ataques iminentes. E como apenas uma pequena porcentagem das aeronaves era capaz de transportar os mortais mísseis HARM, ele podia avaliar melhor o risco com base no tipo de aeronave que decolava das bases.

A MISSÃO

O coronel Zelko decolou sob o céu escuro em seu F-117 e logo entrou nas nuvens. Muitas das outras aeronaves da OTAN permaneceram em solo por causa do mau tempo. Essa era a quarta noite da guerra, e os aviões furtivos já haviam derrubado muitos elementos-chave da defesa aérea iugoslava. O coronel Zelko era um veterano do F-117; quase uma década antes, durante a Tempestade no Deserto, ele havia destruído alvos resistentes enquanto dezenas de mísseis terra-ar e centenas de bases de artilharia antiaérea disparavam contra ele – nenhum chegou perto de atingi-lo.

Depois de reabastecer em um avião-tanque, o coronel Zelko e vários outros F-117 seguiram em direção à Croácia. Antes de sobrevoar o litoral, eles "furtivizaram" – um termo que os pilotos costumavam usar para descrever o recolhimento de todas as antenas externas e o corte das transmissões de suas aeronaves, tornando-as quase invisíveis para o inimigo. Em seguida, eles se separaram, todos em rotas distintas em direção aos seus alvos país adentro.

Em terra, Dani recebeu a notícia de que uma onda de ataques estava a caminho. Devido à burocracia do planejamento de missões da OTAN, as rotas de voo eram praticamente idênticas para cada missão. Após três dias observando ondas de ataque semelhantes, Dani sabia para onde apontar seu radar e quando ligá-lo.

Enquanto o coronel Zelko entrava em Kosovo em direção aos seus alvos no centro de Belgrado, Dani começou a ver indícios sutis da aeronave em seu radar de alerta antecipado. A aparelhagem antiga do radar – que usava tubos a vácuo em vez de transistores modernos – detectou o que parecia ser um fantasma na tela. Embora não fosse possível disparar contra a aeronave com o radar, aquilo lhe permitiu refinar ainda mais a rota e o tempo de seu radar de controle de tiro principal. Quando a aeronave ficou a 24 quilômetros de distância, Dani ordenou que seu radar de controle de tiro fosse ativado. Durante vinte segundos, os operadores tentaram encontrar a aeronave invisível, mas não conseguiram. Dani, sentindo que a oportunidade se esvaía, ordenou que o radar fosse ligado outra vez. De novo, os operadores tentaram desesperadamente encontrar a aeronave, enquanto os segundos

CRIATIVIDADE | **151**

passavam. Quando o cronômetro zerou, eles desligaram o radar, sabendo que haviam falhado e que agora precisavam iniciar o processo de realocação.

Até aquele momento do conflito, Dani nunca havia operado seu radar por mais de quarenta segundos sem se deslocar para outro local, presumindo que uma aeronave de escolta levaria cerca de um minuto para encontrá-los e atirar neles. Entretanto, aquela noite foi diferente: Dani sabia, por meio de sua rede de espiões, que muitas das aeronaves de escolta, encarregadas de proteger os F-117, provavelmente não haviam decolado devido ao mau tempo. Por isso ele quebrou sua própria regra e ordenou que o radar fosse ligado novamente pela terceira vez.

Às 20h15, horário local, com um alcance de apenas 13 quilômetros, Dani finalmente encontrou o F-117 do coronel Zelko no momento em que ele abria as portas do compartimento de armas para liberar as bombas. O grande aumento da assinatura radar permitiu que ele estabelecesse um rastreamento estável da aeronave. Com isso e com o alvo dentro do alcance dos mísseis, Dani ordenou dois lançamentos em rápida sucessão.

Enquanto isso, o coronel Zelko, depois de atingir seus alvos, começou a retornar para a costa. Depois de pouco mais de um minuto, ele avistou os mísseis. Em uma análise pós-ação, ele declarou:

> Os mísseis estavam numa velocidade três vezes maior que a do som, por isso não havia muito tempo para reagir. Pouco antes do primeiro míssil me atingir, fechei os olhos e virei a cabeça, antecipando o impacto. Eu sabia que haveria uma bola de fogo e não queria ficar cego. Senti o primeiro passar bem em cima de mim, tão perto que balançou a aeronave. Então eu abri os olhos e virei a cabeça, e lá estava o outro míssil. O impacto foi violento. Um clarão de luz e calor envolveu meu avião e explodiu a asa esquerda, provocando o rolamento do avião. Quando você está em um avião que passa por alguma turbulência e sente uma certa leveza nos pés, você está momentaneamente com zero g. Eu estava com sete g negativos. Meu corpo estava sendo puxado para fora do assento em direção à capota. Enquanto me esforçava para alcançar as alças de ejeção, um pensamento passou pela minha cabeça: Isso é muito, muito, muito ruim.

A explosão do míssil foi tão grande que pôde ser vista por um avião-tanque que sobrevoava a Bósnia a quase 160 quilômetros de distância. Isso na verdade contribuiu para a sobrevivência do coronel Zelko: assim que ele foi ejetado da aeronave que rodopiava, logo conseguiu entrar em contato com o avião-tanque, cuja tripulação já havia iniciado os procedimentos de busca e resgate ao avistar a bola de fogo. Minutos depois, ele pousou em um campo ao sul da cidade de Ruma, a cerca de 1,6 quilômetro do local onde sua aeronave caiu. Nas oito horas seguintes, o coronel Zelko se escondeu em uma vala de drenagem, onde, durante uma busca realizada na área, soldados inimigos chegaram a ficar a algumas centenas de metros de distância. Provavelmente a poucos minutos de ser capturado, ele foi resgatado de helicóptero por uma equipe de busca e resgate de combate dos Estados Unidos.

A CRIATIVIDADE PODE SER
UMA VANTAGEM EXPONENCIAL

O batalhão de mísseis de Zoltán Dani conseguiu derrubar uma das aeronaves mais tecnológicas graças à sua criatividade e engenhosidade. Ele encontrou soluções não tradicionais para superar uma lacuna tecnológica de quarenta anos. Ele priorizou e resolveu os problemas de maneira sistemática, permitindo que seu batalhão sobrevivesse durante a guerra e continuasse a desestabilizar os planos de guerra da OTAN. Durante os 68 dias de guerra, sua base de mísseis supostamente irremovível viajou mais de 80 mil quilômetros pelo interior da Iugoslávia, frustrando continuamente os planejadores da OTAN. Sua mobilidade, o uso mínimo de radar e as iscas improvisadas representaram um grande problema para as forças da OTAN, que, apesar de terem lançado quase cem mísseis HARM, nunca conseguiram neutralizar seu batalhão. Tudo isso impediu a liberdade de movimento que os planejadores da OTAN esperavam, mantendo a maioria de suas aeronaves inutilizadas e longe do campo de batalha. Pouco mais de um mês depois que Dani abateu o F-117, seu batalhão de mísseis provou que aquilo não foi um acaso e abateu outra aeronave, dessa vez um F-16

CRIATIVIDADE | 153

norte-americano conduzido por um piloto de caça condecorado, que mais tarde se tornaria o Chefe do Estado-Maior da Força Aérea.

Os planejadores de guerra da OTAN foram tão responsáveis quanto Dani pela perda do F-117. O controle rígido da liderança da OTAN em relação às rotas de voo fez com que os ataques partissem sempre da mesma direção. A falta de segurança operacional também abriu portas para os observadores inimigos verem as aeronaves decolando, o que os colocou em vantagem muitas vezes. Depois de vários dias de operações semelhantes, os operadores de mísseis inimigos podiam deduzir a hora, o local, a altitude e a direção aproximada dos ataques, o que fazia com que a lacuna tecnológica em relação ao avançado poder aéreo da OTAN diminuísse consideravelmente. Esses problemas foram rapidamente identificados pelos pilotos que realizavam as missões; entretanto, as ordens da OTAN eram inflexíveis demais para permitir a inovação e o aprimoramento das equipes aéreas.

Após a campanha aérea de Kosovo, as operações com base em efeitos foram atualizadas para levar em conta a incerteza, aumentando drasticamente a flexibilidade dos combatentes. Quando comecei a voar em missões no Afeganistão, os pilotos tinham muito mais influência no processo de tomada de decisão. Nossas ordens, conhecidas como *ordens de tarefas aéreas*, eram tratadas como instruções básicas que poderiam ser modificadas conforme as condições exigissem. A tecnologia permitiu uma disseminação mais rápida das informações pelos líderes seniores, de modo que os combatentes pudessem tomar decisões desde que estivessem de acordo com as intenções gerais. Assim, eu podia falar diretamente com as centrais de comando enquanto voava, o que permitia que minha visão tática de alta fidelidade pudesse ser combinada com a visão estratégica deles para garantir as melhores ações visando a alcançar objetivos específicos.

Em quase todos os voos, alterei minhas ordens e, em pelo menos uma dúzia de ocasiões, mudei completamente as missões com base nas informações que ia tendo em minha cabine. Embora as centrais estivessem no comando, esse princípio de flexibilidade me permitia inovar e preencher quaisquer lacunas no planejamento que eles não tivessem identificado.

A criatividade é um dos poucos recursos que pode proporcionar uma vantagem exponencial àqueles que conseguem aproveitá-la. Isso pode ser visto atualmente na guerra entre a Rússia e a Ucrânia. Apesar da agressão russa contra a Geórgia e a Síria e a anexação da Crimeia, até pouco tempo havia pouca reação da OTAN e de outras potências mundiais contra o país. Isso, no entanto, mudou quando a Rússia invadiu a Ucrânia.

Liderada por Volodymyr Zelensky, a Ucrânia conseguiu inovar e sistematicamente usar de meios de comunicação modernos para reunir o apoio de países do mundo todo. Eles imediatamente se apoderaram da narrativa, fazendo uso das redes sociais para mostrar as atrocidades cometidas pela Rússia e, ao mesmo tempo, fomentando a vontade de lutar da população através de mitos como o Fantasma de Kiev, um piloto de caça que abateu seis aeronaves russas durante os primeiros dias da guerra, e a lenda da Ilha das Cobras, onde um grupo de soldados foi dizimado após dizer aos russos para "irem se foder". Embora tenha sido comprovado que muitas das histórias foram consideravelmente floreadas, ainda assim produziram efeito – eles superaram a extensiva propaganda russa, ganharam a disputa moral e provaram à população e ao mundo que tinham uma chance de repelir a antiga superpotência. Isso gerou uma avalanche de apoio da comunidade internacional, que, desde então, passou a impor sanções sufocantes à Rússia e a fornecer recursos essenciais para que a Ucrânia continue lutando.

O espírito da criatividade e da inovação também esteve presente no campo de batalha. Os adolescentes ucranianos inovaram ao transformar seus drones em bombardeiros de coquetel molotov. Os agricultores usaram seus tratores para arrastar os tanques russos para longe de seus operadores. Os militares ucranianos dizimaram os blindados russos e as aeronaves que voavam baixo usando emboscadas rápidas, armados com lançadores de foguetes portáteis. Os russos, no entanto, ficaram paralisados devido a sua inflexibilidade. Eles tiveram dificuldades com a guerra de manobras, a logística de suprimentos, a quebra de veículos e a segurança das comunicações – os princípios básicos de qualquer operação militar. Isso fez a Ucrânia – um país com cerca de dez vezes menos soldados, equipamentos e recursos financeiros – conseguir expulsar os russos da maior parte do território.

Muitas vezes tratamos a criatividade como um talento inato; no entanto, ela pode ser desenvolvida e aprimorada. Criatividade é apenas a habilidade de conectar as coisas de maneiras não convencionais. Embora algumas pessoas tenham uma aptidão natural para criar soluções inovadoras, a maioria das pessoas e todas as organizações se beneficiariam com processos e estruturas que analisem os problemas de uma forma que favoreça as soluções criativas.

As operações com base em efeitos são uma das melhores ferramentas para viabilizar tomadas de decisão criativas. Entretanto, ao usá-las, as pessoas precisam entender que o mundo é cheio de incertezas, e que prever o futuro com exatidão é uma tarefa impossível. O antídoto, portanto, é aceitar a incerteza e incorporar a flexibilidade em todos os planos.

Quando tomamos decisões, estamos apenas tentando direcionar as probabilidades a nosso favor – algumas decisões boas não vão dar certo, enquanto outras ruins vão funcionar. Esse elemento de sorte é inevitável; no entanto, com o tempo, aqueles que possuem uma abordagem sistemática para encontrar e avaliar soluções terão uma vantagem significativa, seja no campo de batalha, na sala de reuniões, seja em suas vidas pessoais.

6

RESISTÊNCIA MENTAL

Província de Parwan, Afeganistão: 15h30 horário local

Eu estava numa reunião de briefing de inteligência quando um oficial do Exército me informou sobre uma operação de alto risco que estava sendo conduzida por várias equipes das forças especiais na província de Nangarhar, no leste do Afeganistão. O ISIS havia se espalhado pelo território e estava começando a criar raízes ao longo da fronteira com o Paquistão. Eles estavam aterrorizando a população civil com assassinatos brutais e forçando adolescentes a atuarem como homens-bomba contra as forças da OTAN. Em poucas semanas, o crescimento da organização ameaçava desestabilizar o país. Nossas ordens, vindas diretamente do Secretário de Defesa, eram para "aniquilá-los".

O plano era simples: as forças terrestres começariam na cidade mais ao norte do território controlado pelo ISIS e conduziriam uma operação de limpeza, forçando-os a recuar para o sul, para as montanhas desoladas, onde o apoio aéreo poderia então ser lançado contra eles. Essa operação de várias semanas era considerada de alto risco – as equipes teriam de sair de seus veículos e andar pelas cidades. Para minimizar as baixas, as cidades já haviam sido evacuadas, mas muitos dos habitantes não podiam ou não queriam deixar suas casas. Para proteger os civis, nossas regras de combate precisavam conceder o benefício da dúvida a qualquer pessoa que ainda residisse na área. Isso significava que nosso poder de fogo estava severamente restrito, o que daria aos combatentes do ISIS muitas oportunidades de atirar primeiro nas forças da OTAN.

O apoio aéreo seria uma vantagem fundamental: o plano previa uma combinação de cobertura de helicópteros Apache, aeronaves de combate AC-130 e F-16 para fornecer poder de fogo 24 horas por dia para as equipes em terra. Haveria também dezenas de aeronaves de vigilância monitorando a área e fazendo o reconhecimento antes da operação de limpeza. Como éramos o único esquadrão de caça do país, para conseguir oferecer cobertura 24 horas por dia, só podíamos lançar dois F-16 a cada quatro horas.

A primeira semana da operação transcorreu de forma relativamente tranquila: as equipes eram atacadas diariamente; no entanto, o equipamento e treinamento superiores permitiram que elas enfrentassem o inimigo à distância com eficácia. Enquanto sobrevoávamos o local, trabalhávamos com os controladores de combate da Força Aérea incorporados – alguns dos soldados de elite das forças especiais do mundo – para eliminar o inimigo. Usando uma mistura de bombas de trezentos quilos a uma tonelada com foguetes a laser, nós nos tornamos uma equipe letal, capaz de limpar uma área em questão de minutos. Com o tempo, passamos a conviver com os controladores de combate e, mesmo sem saber seus nomes, conseguíamos identificar cada um deles por suas vozes e tínhamos uma noção de como operavam.

Enquanto eu e meu parceiro de voo estávamos sentados no briefing de inteligência, o oficial do Exército nos deu informações atualizadas sobre as vinte e quatro horas anteriores, desde a última vez que havíamos voado. Mapeamos a posição atual das equipes e examinamos de onde elas haviam recebido fogo. Em seguida, assistimos às gravações dos ataques do dia anterior feitas da cabine de comando, para entender a evolução das táticas do inimigo e ver como poderíamos ser mais eficazes. No meio do briefing, fomos interrompidos pelo supervisor de operações. Havia um tiroteio em andamento – a equipe de terra havia sido emboscada ao entrar numa cidadezinha. A aeronave que fazia a vigilância naquele momento estava pouco carregada, e precisávamos decolar o mais depressa possível para substituí-la.

Começamos a nos preparar com pressa. Vesti meu traje G, o arnês e o colete de sobrevivência. A última etapa sempre envolvia tirar minha pistola M9 do coldre e prendê-la no coldre do colete de sobrevivência, juntamente com um carregador adicional para o caso de precisar ejetar sobre o território hostil. Logo em seguida, fomos para nossos jatos. Depois de ligá-los, carregamos nossas armas e decolamos. Voando em pós-combustão total e pouco abaixo da velocidade do som, seguimos para o leste. Assim que estávamos dentro do alcance de comunicação, entrei em contato com os outros dois F-16 que estavam com pouco combustível e sem armas. Eles nos informaram a localização dos aliados e onde haviam enfrentado o inimigo, depois se afastaram e voltavam para a base. Então mudamos nossos rádios para a frequência criptografada do controlador de combate, para que pudéssemos começar a nos coordenar com eles.

A primeira coisa que ouvimos foram os Apaches fazendo suas verificações – eles estavam com pouco combustível e a caminho de casa. Por sua baixa velocidade – aproximadamente o dobro da velocidade de um carro numa rodovia – não os veríamos mais pelo restante de nossa missão. Essa foi uma grande perda; os Apaches são um dos mais valiosos recursos de apoio aéreo próximo – ao contrário dos caças, que se mantêm a dezenas de milhares de pés de altura em alta velocidade, os helicópteros ficavam próximos às tropas no solo. Eles conseguiam acompanhar facilmente os movimentos das tropas e ajudá-las nas manobras. Isso, combinado ao seu grande carregamento de armas, tornava os helicópteros altamente eficazes dentro dos limites de uma cidade ou vilarejo.

Em seguida, ouvimos a coordenação entre o controlador de combate no solo e as outras aeronaves em formação de pilha. Essa *pilha* se dá no espaço aéreo diretamente acima de uma operação. Às vezes, há quinze aeronaves orbitando em apoio a uma única operação. Para desobstruir o espaço e evitar que as aeronaves se choquem umas com as outras – ou joguem bombas umas nas outras –, uma aeronave recebe um bloco de altitude, digamos, de 15 mil a 17 mil pés, para operar. Na pilha daquele dia havia várias aeronaves de vigilância e um drone Predator não tripulado acima de nós. Abaixo, a temível aeronave de combate AC-130, um avião de carga adaptado, com um canhão Gatling de 25 mm, um canhão automático de 40 mm e um enorme canhão obuseiro de 105 mm, o que basicamente faz dele um navio de guerra voador.

Eu já havia trabalhado com aquele controlador antes, e uma das coisas que notei foi que, mesmo durante um tiroteio, ele sempre ficava tranquilo. Dessa vez, porém, sua voz estava tensa. Ele logo pediu espaço para que o AC-130 fizesse uma varredura à frente da equipe. Ao fazer contato, ele nos atualizou sobre a posição e o plano, e também sobre onde suspeitavam que o inimigo estivesse escondido.

Os primeiros minutos de uma missão de vigilância são sempre os mais difíceis. Pouco importa que o plano tenha sido minuciosamente detalhado, é sempre um desafio obter com rapidez a consciência situacional em relação à localização das forças aliadas, onde está o inimigo e para onde todos vão em seguida. Nenhum plano sobrevive ao primeiro contato com o inimigo, o que significa que sempre mudamos algo no ar. Para aumentar a complexidade, as forças aliadas do exército afegão estavam misturadas com as equipes das forças especiais dos EUA, o que dificultava o controle de todos os envolvidos.

Assim como o juramento de Hipócrates dos médicos, nossa primeira tarefa ao voar como suporte aéreo próximo é não causar danos às forças amigas. Um *fratricídio*, como chamamos, em que acidentalmente matamos ou ferimos um soldado aliado, é a pior coisa que podemos fazer. É um destino pior do que a morte: saber que um colega de serviço foi mutilado ou morto por causa de um erro que você cometeu é imperdoável. Mesmo no treinamento, simular um disparo contra a aeronave errada ou lançar uma bomba no alvo errado é levado a sério e punido.

Infelizmente, ao longo dos anos, muitos fratricídios ocorreram pela dificuldade de se combinar o poder aéreo próximo com forças aliadas no solo. Um caça moderno carrega uma quantidade incrível de poder de fogo, o que significa que suas decisões são amplificadas. Um rifle disparado por um soldado e uma bomba lançada por um caça são controlados por uma única pessoa. A bala do rifle pode matar uma pessoa, enquanto a bomba, dependendo do tamanho, pode matar todos que estiverem em um raio de centenas de metros.

Quando meu parceiro e eu nos separamos em direção a lados opostos de nossa órbita ao redor do alvo, ouvi o rádio se ativar novamente e o controlador começar a gritar: "Estamos recebendo disparos, fogo intenso!" Ao fundo, eu podia ouvir armas automáticas sendo disparadas enquanto outro soldado gritava de onde vinham os tiros.

O controlador chamou o AC-130 para atacar o inimigo. A aeronave pesada, a vários milhares de pés abaixo de mim, indo na direção oposta, começou a abrir fogo ao mesmo tempo que os gases de descarga criavam um rastro de fumaça atrás dela. Olhando para o chão, pude ver o que pareciam faíscas enquanto as centenas de projéteis atingiam o campo de onde os soldados do ISIS atiravam.

Depois de aproximadamente quinze segundos, o controlador disse: "Viper" – esse era o meu apelido – "precisamos de bombas agora, aguarde uma linha-nove". *Linha-nove* é o nome que usamos para coordenar um ataque aéreo. Éramos a única aeronave com munição para destruir prédios; o AC-130, apesar de seu poder de fogo, não tinha o poder de penetração necessário para destruí-los. Ele então me passou a localização de um prédio de onde estavam atirando. Peguei as coordenadas, confirmei que estávamos falando do mesmo prédio e me aproximei do alvo. Acionei o interruptor de armas principal, disparei meu laser para repassar um alcance preciso para a bomba e, em seguida, apertei o botão vermelho de liberação das armas, enviando uma bomba de 230 quilos em direção ao alvo. Quarenta e cinco segundos depois, o prédio explodiu, dando lugar a uma nuvem de fumaça.

Nesse momento, os rádios dos AC-130 pararam de funcionar completamente. Eles não conseguiam mais se comunicar com ninguém. O controlador de combate tentou várias vezes solicitar mais disparos do AC-130, e eu pude ouvir o desespero em sua voz quando ele disse: "Precisamos de fogo imediatamente, agora!" Após vários momentos de silêncio, ele se voltou para nós e começou a nos passar outros alvos.

Nos cinco minutos seguintes, meu parceiro e eu lançamos várias outras bombas de 230 quilos. Estávamos bloqueando a maior parte do ataque dos combatentes do ISIS e fazendo-os recuar pelo leito seco de um rio. Foi então que ouvi pelo rádio que um dos soldados havia sido atingido. "É grave... ele não está nada bem", disse o controlador.

A segunda pior coisa, depois de um fratricídio, é perder um soldado para o qual você está prestando apoio. Quando você está fornecendo suporte aéreo próximo, esses soldados são a razão pela qual você está lá. Eles contam com você para protegê-los. Suas famílias contam com você para protegê-los. Nos treinamento de voo, eu ouvia meus instrutores falarem do número de missões de combate que haviam voado e como haviam trazido de volta todos os soldados para os quais haviam prestado apoio. Assim que ouvi o controlador falar sobre o soldado abatido, senti um embrulho no estômago.

ESTRESSE

Na comunidade de pilotos de caça costumamos dizer que você perde vinte pontos de QI assim que coloca o capacete. Aquilo que parece ser fácil na sala de aula é muito mais difícil quando se está suando no calor da cabine de comando, com dezenas de pessoas falando ao mesmo tempo nos rádios e com vidas em jogo. As emoções afetam significativamente nossa capacidade de tomar decisões. Biologicamente, evoluímos de modo que a parte racional de nosso cérebro, conhecida como neocórtex, é entrelaçada com nossos sistemas límbicos, responsáveis pelas emoções. Isso faz com que seja fácil acreditar que estamos nos comportando racionalmente, quando, na verdade, somos comandados por nossas emoções.

Os seres humanos têm, em média, mais de sessenta mil pensamentos por dia, sendo que mais de 85% deles são gastos em planejamentos baseados no medo, ou seja, na preocupação com coisas que podem acontecer no futuro. É provável que tenhamos evoluído dessa forma porque, em nosso passado, a morte estava por toda parte. Se quebrássemos uma perna, não havia quase nenhuma chance de sobrevivermos. Até mesmo as decisões sociais eram uma questão de vida ou morte. As tribos viviam em guerra. Ao analisarem esqueletos da idade da pedra, os arqueólogos estimam que

RESISTÊNCIA MENTAL | **163**

25% de todas as mortes daquele período ocorriam devido a homicídios – uma taxa impressionante, 20.000% maior do que a atual. Se você fosse condenado ao ostracismo pelas pessoas ao seu redor, havia pouca ou nenhuma chance de sobreviver por conta própria. Essa existência brutal nos levou a ter uma mentalidade conservadora, que não se adapta muito bem ao mundo moderno.

Quando a amígdala do nosso cérebro percebe perigo, ela ativa os hormônios do estresse e do medo, a adrenalina e o cortisol. À medida que nosso corpo se prepara para a ação, o fígado libera glicose para fornecer energia adicional aos músculos. O cortisol aumenta o nível de açúcar no sangue e diminui o funcionamento do sistema imunológico. Nosso sistema digestivo começa a se desligar, o que nos dá uma sensação de frio na barriga ou embrulho. Nossos pulmões começam a trabalhar mais, preparando-se para um aumento na demanda de oxigênio, o que provoca uma respiração rápida e superficial, além de boca seca e dificuldade para engolir. Quando a adrenalina entra em nossa corrente sanguínea, ela faz com que os batimentos cardíacos se acelerem e, ao mesmo tempo, nos dá uma sensação de calor no peito, no pescoço e no rosto. Entretanto, esse aumento da prontidão física tem um custo. Nosso córtex pré-frontal – a parte mais avançada do cérebro, responsável pelas habilidades cognitivas de alta ordem – começa a se desligar. A memória em funcionamento diminui, enquanto a atenção muda sua abordagem estratégica de cima para baixo, mais ponderada, baseada na priorização, para uma abordagem de baixo para cima, na qual nos fixamos com mais facilidade nas sensações mais estimulantes.

A Força Aérea começou a estudar essa transformação após a Segunda Guerra Mundial, quando observaram que durante as missões em tempos de paz pilotos qualificados muitas vezes derrubavam seus aviões no calor da batalha devido a simples erros mentais. Ao longo dos anos, foram realizados vários estudos voltados para o efeito do estresse sobre os pilotos. Os resultados mostraram que, embora a exposição ao estresse possa gerar uma discreta melhora no desempenho em tarefas simples e bem ensaiadas, ela reduz *drasticamente* o desempenho em tarefas que exigem pensamento complexo ou flexível.

164 | A ARTE DE PENSAR COM CLAREZA

Como piloto-instrutor, vejo isso acontecer o tempo todo com os alunos. Na verdade, aconteceu enquanto escrevia este livro. Eu estava voando com um aluno acima da média, que tinha vindo direto do treinamento de pilotos, ou seja, era inexperiente e tinha vinte e poucos anos. Antes do voo, ele foi capaz de responder com facilidade a todas as perguntas que eu fizera. Durante o voo, ele fez um bom trabalho ao nos guiar até o espaço aéreo e ao entrar em um *dogfight* contra mim. No caminho de volta para casa, porém, as coisas começaram a desandar. Fomos instruídos pela torre de controle a mudar de frequência, uma tarefa simples, que é feita dezenas de vezes durante um voo. O aluno, porém, mudou inadvertidamente para a frequência errada. O F-35 é único por ter uma grande tela sensível ao toque, como dois iPads gigantes colados um do lado do outro no lugar dos mostradores e instrumentos tradicionais encontrados em outras aeronaves. Embora isso permita que o piloto tenha muito mais consciência situacional do campo de batalha, é preciso algum tempo para se acostumar e, para os pilotos inexperientes, pode ser fácil tocar no botão errado da tela.

Após um longo momento de silêncio, o aluno percebeu que algo estava errado e começou a tentar solucionar o problema, pensando que seu rádio havia falhado. Como o F-35 é uma aeronave de apenas um assento, nós, instrutores, precisamos monitorar os alunos a partir de um outro F-35. Enquanto eu voava em formação ao lado dele, notei que sua altitude começou a se desviar por centenas de pés – um sinal revelador de que ele estava começando a ficar aturdido enquanto se esforçava para dar conta de suas verificações cruzadas.

Em trinta segundos, ele encontrou o erro e mudou para a frequência de rádio correta. No rádio, porém, percebi que ele estava com a voz um pouco mais aguda, além da fala mais pausada e da respiração mais rápida. Durante o restante do voo, foi como se eu estivesse com um aluno completamente diferente – o aluno controlado e acima da média agora estava voando de forma errática. Ele começou a perder as chamadas de rádio e a não descer nos momentos adequados durante a recuperação. Ele chegou até a tentar cortar uma outra formação de caças, exigindo que eu interviesse várias vezes.

RESISTÊNCIA MENTAL | **165**

No debriefing logo após o voo, analisamos o que havia acontecido e descobrimos a causa principal: ele estava com raiva de si mesmo por ter cometido um erro tão simples. Também estava com medo de ser reprovado no voo, algo que nunca acontecera com ele. A raiva e o medo o levaram a uma típica reação de luta ou fuga, que começou a desligar seu córtex pré-frontal e, portanto, sua capacidade de tomar decisões lógicas. Em questão de segundos, o erro transformara um aluno acima da média em alguém que tinha dificuldades até mesmo com o controle básico da aeronave.

Depois de voar com centenas de alunos ao longo dos anos, posso dizer que a experiência dele não é única – novos pilotos, mesmo quando apresentam um bom desempenho no treinamento, são propensos a se desestruturar mentalmente durante um voo. Muitas vezes, isso acontece porque eles ainda não aprenderam a gerenciar suas emoções. Eles temem decepcionar os outros ou a si mesmos. O peso das expectativas dos pilotos de caça pode ser enorme – há milhares de pessoas trabalhando para garantir que você cumpra sua missão. Pode ter havido espiões em terra que arriscaram suas vidas para coletar informações, operadores de drones e satélites que passaram semanas vasculhando a área, equipes de aviões-tanque que partiram de um outro continente para reabastecê-lo, centros de operações cheios de pessoas monitorando seu progresso em tempo real – tudo isso para que você possa colocar suas armas no alvo. Você é o último elo da cadeia e, se cometer um erro, o esforço de todos será desperdiçado. Em muitos casos, essas oportunidades são efêmeras e o alvo pode nunca mais aparecer.

Além do medo de fracassar, há também o medo de se ferir ou morrer. Em campos de batalha de baixa ameaça, como o Afeganistão, o risco de ser abatido não é particularmente alto. Geralmente, estamos a 15 mil pés e relativamente seguros. Entretanto, as aeronaves de combate devem contrabalancear desempenho e confiabilidade, muitas vezes com uma coisa comprometendo a outra. A taxa de acidentes do F-16 moderno é de aproximadamente dois jatos destruídos para cada cem mil horas de voo. Quando nosso esquadrão foi destacado, a expectativa era voar quase 10 mil horas, o que significa que havia uma chance em cinco de um de nós cair. Lá no fundo, você está sempre ciente de que, se o seu motor parar – ou qualquer

166 | A ARTE DE PENSAR COM CLAREZA

outra parte crucial da sua aeronave falhar – em poucos minutos, você estará em fuga em território hostil, com todos querendo capturá-lo.

Menos de um ano antes da chegada da minha unidade ao Afeganistão, um F-16 estava decolando de Bagram quando o piloto viu uma grande explosão na frente da aeronave. O que se seguiu foi um som alto e estridente, acompanhado de dois solavancos e vibrações intensas. O jato estava a apenas 6 metros acima da pista, mas já viajava a 400 km/h – rápido demais para tentar pousar no que havia sobrado da pista. Sentindo a perda de empuxo, apesar de estar em pós-combustão total, o piloto logo fez a aeronave subir, trocando velocidade por altitude, e puxou a alavanca de ejeção, desencadeando uma complexa sequência de eventos para salvar sua vida.

Primeiro, a capota foi separada da aeronave numa explosão e afastada de sua trajetória de voo. Em seguida, um motor de foguete dentro do assento foi acionado, produzindo quase duas toneladas de empuxo e lançando-o para fora do jato com quase vinte vezes a força da gravidade.* O assento se separou e, em dois segundos, do momento em que puxou a alavanca, ele estava sob a proteção de um paraquedas completo.

A ejeção de uma aeronave é um processo extremamente violento que causa fraturas na coluna vertebral em quase um terço dos pilotos. Uma vez fora da aeronave, a provação ainda não acaba. O impacto com o solo também é considerável, o equivalente a pular do telhado de uma casa com mais de cinquenta quilos de equipamento. Uma ejeção pode ocorrer a qualquer momento e, como o controle do paraquedas é mínimo, é comum pousar em pedras, árvores, fios elétricos e outros locais perigosos que podem causar mais lesões. O perigo em combate é que, até mesmo um pequeno ferimento, como uma torção no tornozelo, pode ser fatal quando se tenta fugir do inimigo. Felizmente, nesse caso, o piloto sofreu apenas ferimentos leves e, surpreendentemente, por estar tão perto da base, conseguiu voltar correndo para o portão antes que o Talibã ou mesmo as forças de resgate aliadas pudessem ser mobilizadas.

Infelizmente, a maioria dos pilotos não tem a mesma sorte. Os pilotos de caça são algumas das poucas pessoas que vão bem além das linhas inimigas,

---

* A maioria dos pilotos perdem 5 centímetros após executar uma ejeção. [N. do A.

onde há uma chance significativa serem deixados à própria sorte. Embora, normalmente, cada piloto entre como parte de um grupo maior de caças, as margens reduzidas de combustível e logística geralmente não permitem que outras aeronaves permaneçam no ar por mais do que alguns minutos. Além disso, no Afeganistão, como só tínhamos dois caças no ar ao mesmo tempo em todo o país, se várias tropas em terra estivessem sob fogo, muitas vezes nos separávamos, ficando cada um por conta própria e bem fora do alcance do rádio caso precisássemos ejetar. Nas altas montanhas, o resgate por helicóptero era improvável, então seríamos obrigados a fugir por vários dias dos combatentes do Talibã e do ISIS, que fariam de tudo para nos encontrar. E se eles nos encontrassem, a história recente demonstrava que o resultado seria terrível.

Dois anos antes, o caça de um piloto jordaniano sofreu uma falha mecânica enquanto sobrevoava a Síria. O piloto, Muath al-Kasassbeh, tinha 27 anos e estava em uma de suas primeiras missões de combate, que consistia em um ataque em conjunto com um outro esquadrão da minha base. Por fim, ele foi forçado a ejetar de seu F-16 danificado; mas os combatentes do ISIS conseguiram capturá-lo rapidamente.

Muath foi torturado por semanas em seu cativeiro e, após uma negociação fracassada com o governo jordaniano, o ISIS divulgou nas redes sociais um vídeo bem produzido mostrando Muath ferido sendo imolado em uma jaula. No final do vídeo, muitos dos nomes de seus colegas pilotos foram exibidos – provavelmente informações obtidas através da tortura – junto a uma recompensa de US$ 20 mil por cada piloto morto.

A tortura e a morte de Muath al-Kasassbeh não foram as únicas – pela importância estratégica que um avião de caça pode ter no campo de batalha, o simbolismo de capturar seu piloto e torturá-lo não passa despercebido pelo inimigo. Hoje em dia, os agentes que não respondem a um estado não seguem a lei dos conflitos armados nem obedecem à Convenção de Genebra, então não se pode esperar misericórdia do inimigo. Como a captura não é uma opção viável em determinadas partes do mundo, muitos pilotos de caça com quem trabalhei decidiram tirar a própria vida antes de cair nas mãos do inimigo.

Um ano após o assassinato de Muath al-Kasassbeh, outro avião de combate, pilotado pelo major Roman Filipov, foi atingido por um míssil terra-ar portátil a apenas 190 quilômetros de distância do local onde Muath foi capturado. Sua aeronave logo pegou fogo, forçando-o a se ejetar. Enquanto caía de paraquedas, os rebeldes continuaram atirando contra ele. Depois do pouso, ele informou pelo rádio que havia se ejetado e estava cercado pelo inimigo. Filipov foi visto pela última vez em uma filmagem ao vivo, com uma multidão de rebeldes se aproximando dele. Pouco antes de ser alcançado, Filipov pôde ser ouvido gritando: "Isso aqui é para vocês, rapazes!" antes de detonar uma granada em suas mãos.

Quando se está em combate, sempre há um componente de medo. Entretanto, o medo é controlável. A preparação e a experiência no mundo real podem ser de grande ajuda para atenuá-lo; no entanto, eu descobri que o treinamento de resistência mental é uma das áreas mais valiosas e, ainda assim, uma das mais subutilizadas quando lidamos com emoções fortes.

Na época em que estava fazendo o treinamento de pilotos, eu não era excepcional em nenhum aspecto específico da pilotagem. A única vantagem que tinha era o treinamento de resistência mental. Isso veio do tempo que passei na Academia da Força Aérea, onde eu era um boxeador intercolegial. O que me fascinava no boxe era a combinação única de habilidades físicas e mentais que precisavam ser desenvolvidas para vencer um adversário. Embora eu tivesse praticado esportes durante a vida toda até aquele momento, nenhum deles chegava perto da resistência mental exigida no boxe.

No boxe, o lutador está sozinho no ringue com um adversário; não há mais ninguém para ajudá-lo. É um esporte de combate em que ele está lutando contra outro ser humano que vem treinando para nocauteá-lo e machucá-lo na frente de seus amigos e familiares. Embora minhas habilidades físicas estivessem melhorando, eu percebi que não estava tão preparado mentalmente quanto precisava. O estresse antes das lutas me deixava cansado no momento em que eu subia no ringue. Durante as lutas, a pressão muitas vezes dificultava a concentração. Quando cometia erros, eu ficava me remoendo em vez de me concentrar em meu plano tático. Às vezes, era atingido por uma combinação de golpes logo no início da luta, e o medo de ser nocauteado não permitia que eu fosse tão agressivo quanto deveria. Em outras ocasiões, eu estava perto da vitória e minha mente se dispersava pensando no que eu faria depois da luta, resultando em erros. Na época, eu não percebia que estava me retraindo da situação mentalmente; no entanto, foi um encontro casual que mudou minha mentalidade e me permitiu ter muito mais controle sobre minhas emoções.

A Academia da Força Aérea fica em Colorado Springs, que também é onde está localizado o centro de treinamento olímpico dos Estados Unidos. Um dia, eu estava do lado de fora do laboratório de desempenho humano da academia esperando para participar de um estudo que analisava atletas em ambientes de grande altitude. Como a Academia está localizada a mais de 2 mil metros acima do nível do mar, ela oferece um campo de testes exclusivo para estudos baseados em altitude. Sentado ao meu lado estava um psicólogo esportivo do centro de treinamento olímpico. Começamos a conversar sobre treinamento de desempenho mental e sobre o fato de quase todos os atletas olímpicos terem um plano de treino mental dedicado a acompanhar seus treinos físicos.

À medida que fui aprendendo mais sobre essa área, comecei a entender que o que eu estava sentindo durante as lutas era a resposta natural do meu corpo ao estresse e à pressão. Mais importante ainda, havia práticas recomendadas que eu poderia aplicar para superá-las, como visualização, conversa interna e técnicas especializadas de respiração. Para acompanhar minha preparação física, comecei a treinar mentalmente para as lutas e percebi que meu boxe havia melhorado, principalmente quando os riscos eram altos. Também passei a gostar mais das lutas, o que me levou a dedicar mais tempo ao treinamento, melhorando ainda mais meu desempenho. No entanto, o verdadeiro avanço aconteceu quando comecei a aplicar o treinamento na minha vida fora do ringue.

Comecei a utilizar essas técnicas para testes importantes, ou quando precisava falar na frente de um grupo grande. Usei-as quando fiz paraquedismo e quando voei em um planador pela primeira vez. Elas sem dúvida melhoraram meu desempenho, e também reduziram meu estresse. Mesmo que não tenham sido 100% eficazes, elas me deram um plano para gerenciar minha maneira de pensar e minhas emoções. Eles não substituíam o trabalho árduo e a preparação, mas parecia que eu havia conseguido obter um aumento significativo no desempenho.

Muitos anos depois, quando participei do treinamento de pilotos, eu esperava ouvir sobre como essas técnicas poderiam ser implementadas do ponto de vista de um piloto. Embora fosse um curso de alto nível, não houve nenhum momento dedicado a como lidar com as emoções, ou como elas afetam as decisões que tomamos. Percebi que o treinamento da mente que eu vinha praticando nos últimos anos me dava uma grande vantagem. Ainda que não fosse o piloto mais talentoso, eu conseguia me concentrar quando necessário e, quando cometia um erro de voo, não me deixava abalar.

Mentalmente, é nisso que muitos alunos têm dificuldades. O treinamento de pilotos é um dos programas mais competitivos e acelerados do mundo. Apenas 3% dos candidatos são selecionados para iniciar o treinamento. A maioria dos alunos havia se destacado em tudo em suas vidas até aquele momento. No entanto, cada turma consistia em trinta alunos competindo por apenas algumas vagas para os caças. Em meu primeiro dia de treinamento, o comandante da base entrou na sala de aula e, após uma breve conversa, pediu que fechássemos os olhos. Ele disse: "Levantem a mão se quiserem pilotar um caça." Em seguida, pediu que abríssemos os olhos. Todos os trinta alunos estavam com as mãos levantadas. Ele disse: "Dois de vocês conseguirão uma vaga em um caça; os demais voarão em aviões de transporte e aviões-tanque. Pensem nisso enquanto estiverem aqui." Com isso, ele saiu e o treinamento começou.

No início, parecia que aqueles que tinham bastante experiência na aviação civil receberiam facilmente as vagas dos caças. Um aluno tinha sido piloto comercial antes de entrar para a Força Aérea, com um registro de milhares de horas de voo até aquele momento. No entanto, à medida que o treinamento progredia, qualquer semelhança com os voos civis parecia inexistente. Chegou um momento em que todos da turma, independentemente da experiência, foram levados além do limite e falharam em alguma manobra ou em um voo inteiro.

Para alguns alunos, um pequeno erro desencadeava a perda rápida do controle do jato. Eles não conseguiam controlar suas emoções, e o medo do fracasso era mais forte do que eles. Um dos alunos, que até estava se saindo razoavelmente bem, implodiu no decorrer de uma semana – falhou em três viagens consecutivas e abandonou o curso antes do fim de semana. Até mesmo o piloto comercial, apesar de ter passado pela primeira metade do treinamento, se formou entre os alunos medianos por sua incapacidade de se manter resiliente depois de cometer erros. Embora não tenha sido excepcional em nenhuma fase do treinamento, eu conseguia me recuperar rapidamente nos momentos em que fracassava, em grande parte devido às ferramentas mentais que aprendi no boxe.

Nos anos seguintes, continuei a praticar o treinamento mental, o que me ajudou muito. À medida que fui assumindo uma função de liderança, eu dividi essa forma de pensar com os pilotos mais jovens; mas ainda não havia nada sendo ensinado formalmente. Foi somente quando fiz a transição para o F-35 – quando conheci um general de três estrelas responsável por supervisionar todo o treinamento de voo da Força Aérea, composto por 60 mil pessoas e 1,6 mil aeronaves – que as coisas começaram a mudar.

Naquela época, o treinamento tático para o F-35 era totalmente novo – até aquele momento, os pilotos estavam basicamente reunindo dados para ajudar no desenvolvimento da aeronave. No entanto, o F-35 estava prestes a entrar em operação, e os líderes militares seniores estavam interessados em saber como poderiam maximizar o treinamento dos futuros pilotos. O general e eu conversamos sobre como a perspectiva do desempenho mental ainda era pouco utilizada. Ele estava reformulando o treinamento de pilotos e queria, além de simplificar o treinamento de voo, otimizar todo o sistema de armas, inclusive o piloto. O treinamento de desempenho mental estava estreitamente alinhado com suas metas.

Para uma organização do porte da Força Aérea, a mudança pode ser difícil. Há tantos grupos internos e externos disputando recursos limitados que muitas ideias nunca saem da fase de planejamento. O treinamento mental dedicado também foi uma mudança significativa na cultura – até aquele momento, acreditava-se que a questão mental era uma característica inata.

Se um aluno se desestabilizasse sob pressão, então ele não tinha a aptidão necessária para se tornar um piloto de caça. Isso era conhecido como uma mentalidade do tipo "cada um por si", em que os alunos com desempenho ruim eram logo retirados do treinamento. No entanto, o general, contando com o trabalho heroico de um único médico da equipe, conseguiu obter um subsídio para testar a ideia do treinamento de desempenho mental na base em que eu estava estacionado. O argumento era que gastávamos dezenas de milhões de dólares no treinamento de cada piloto, mas quase nada na otimização de suas mentes e seus corpos. E se criássemos um programa de estudos usando as mais recentes técnicas de desempenho para fortalecer a mente e o corpo de cada piloto de caça com o propósito de otimizar sua capacidade de tomada de decisão?

AFEGANISTÃO

Depois que o controlador disse: "É grave, ele não está nada bem", houve um silêncio no rádio. Senti um frio na barriga e uma sensação de entorpecimento. Só conseguia pensar na família do soldado e em como eles logo ouviriam uma batida à porta. Quando atendessem, haveria um oficial e um capelão, ambos vestidos com seus uniformes formais, esperando para lhes dar a notícia da morte do marido ou do filho. Por alguns segundos, fiquei paralisado com esse pensamento do soldado e de sua família.

O lado racional do meu cérebro sabia que eu precisava voltar a focar na situação tática, mas meu emocional ficou preso naquilo. Tentei afastar esses pensamentos, mas eles continuavam voltando. Comecei a repassar mecanicamente várias das técnicas que havia aprendido quase uma década antes. Aos poucos, consegui voltar a me concentrar na situação que se desenrolava.

Um atirador inimigo começou a abrir fogo contra a equipe de uma nova posição. Coordenando a ação com o controlador, pedi ao meu parceiro que jogasse uma bomba de 230 quilos sobre aquela posição. Um minuto depois, a bomba inteligente de explosão aérea detonou, desintegrando o prédio numa nuvem de fumaça e poeira sobre a área. Os rádios do AC-130 ainda

RESISTÊNCIA MENTAL | 173

estavam desligados. Sem conexão com o mundo exterior, eles não podiam verificar seus alvos.

O apoio aéreo próximo é difícil mesmo nas melhores condições, pois exige uma integração detalhada entre as tropas no solo e as aeronaves que estão acima delas. Os objetos podem parecer totalmente diferentes vistos do ar, especialmente quando são visualizados por meio de um designador de alvo em preto e branco. Pense na última vez em que você pegou um avião e olhou para uma cidade lá de cima – muitas vezes é difícil distinguir até mesmo os principais pontos de referência. Agora imagine fazer isso em um país estrangeiro, sobrevoando vilarejos extensos, com um inimigo em meio às forças aliadas. Se você jogar uma bomba muito longe do inimigo, ela terá um efeito mínimo sobre ele; se você jogá-la muito perto das forças aliadas, ela poderá matar as pessoas que você tanto está tentando proteger.

O AC-130, apesar do rádio pifado, começou a abrir fogo constante na área em que o inimigo foi visto pela última vez. Foi uma atitude ousada da equipe para proteger as tropas, indo contra os regulamentos e colocando suas carreiras em risco. Pelo meu designador de alvo, pude ver os projéteis explodindo e ricocheteando pelo campo. Fora da minha cobertura, consegui ver o efeito total do AC-130, que transformou a área numa paisagem infernal, coberta de escombros e fumaça, fazendo com que um grupo de caças inimigos fugisse.

Outros caças, no entanto, haviam se espalhado pela cidade. Eles tinham ocupado vários prédios e estavam atacando as forças aliadas de várias direções. As tropas estavam contando comigo e com meu parceiro para abrir caminho para fora da cidade. Mas o AC-130 ainda estava em uma órbita curta, o que nos impedia de ter um caminho livre para disparar contra o inimigo. Além disso, devido à configuração de nossos sensores, fomos forçados a orbitar na direção oposta, por isso teríamos de fazer uma passagem estreita e lançar nossas bombas através da órbita do AC-130 e, ao mesmo tempo, atingir alvos em movimento no solo, um ataque complexo, que deixava pouca margem para erros.

Com meu parceiro logo atrás de mim, eu acelerei até pouco abaixo da velocidade do som e ampliei nossa órbita para que o AC-130 tivesse tempo de dar a volta. Assim que a grande aeronave se inclinou em nossa direção, eu me aproximei do alvo e esperei que o AC-130 cruzasse meu nariz. Quando a aeronave passou pela frente do meu monitor de alertas, era hora de soltar a bomba, o que me causou uma sensação desconfortável, com a equipe de treze pessoas bem à minha frente. Apertei o botão de liberação de armas e, um momento depois, senti um solavanco quando a bomba se soltou da minha asa. Enquanto ela se deslocava pelo ar, voltei à minha órbita e comecei a guiá-la através do designador de alvo até o inimigo em movimento. Trinta segundos depois, bomba atingiu o alvo, seguida pela bomba do meu parceiro. "Um mergulho", eu disse pelo rádio, indicando que minha arma havia detonado. "Dois mergulhos", seguiu meu parceiro.

"Bons disparos, bons disparos!", disse o controlador enquanto continuávamos a procurar outros alvos. A essa altura, o status do AC-130 já estava "Winchester", o que significava que estava sem munição e retornando à base. Foi uma demonstração de força impressionante da equipe. Eles haviam feito tudo o que podiam, e até mesmo superaqueceram suas armas, para manter o inimigo à distância.

As tropas em terra estavam sob tiroteio incessante há várias horas e estavam começando a ficar sem munição e suprimentos. Minha formação também estava com poucas armas; meu parceiro tinha apenas três pequenos foguetes a laser e eu estava com minha última arma – uma bomba gigante de 900 quilos, projetada para destruir cavernas. Avisei ao quartel-general por rádio via satélite que precisávamos de mais aeronaves – sem apoio adicional, as tropas ficariam presas na cidade enquanto os combatentes do ISIS reforçavam suas posições. A resposta que recebi foi que não havia nenhuma aeronave disponível nas próximas duas horas, mas que o Exército estava trabalhando na coordenação de uma salva de mísseis de longo alcance sobre a localização do inimigo.

Para manter uma cobertura contínua sobre as tropas, mandei meu parceiro para reabastecimento no avião-tanque que estava em órbita. Ao minimizar minha taxa de queima de combustível, eu conseguiria me manter em posição até que ele voltasse. A essa altura, os combatentes do ISIS haviam consolidado sua posição em um único complexo, diretamente em frente às tropas, com apenas uma vala seca os separando. Os muros ao redor do complexo estavam dando ao inimigo um terreno elevado e proteção enquanto eles continuavam a atirar nas tropas. No entanto, agora eu era a única aeronave na estação e só tinha minha última arma – a bomba de 900 quilos destruidora de cavernas. Lançá-la no complexo deixaria as tropas dentro do raio de explosão letal da bomba. Era um lançamento perigosamente próximo, ou seja, havia uma chance de a explosão ferir ou matar as tropas aliadas. Embora eu já tivesse lançado muitas armas em situações de risco iminente em combate, aquele era um lançamento incrivelmente perto – quase três vezes mais próximo do que a faixa recomendada.

A força da explosão de uma bomba não se dissipa linearmente – ela segue uma forte lei de potência de cauda longa, o que significa que jogá-la a um terço da distância não sujeitaria as tropas a apenas três vezes a força da explosão, mas a 27 vezes a força, a pressão e a fragmentação de uma bomba lançada no limite do que era considerado perigosamente próximo. Mais de quinhentos quilos de estilhaços seriam lançados no ar, viajando a velocidades hipersônicas de até 8.000 km/h – rápido o suficiente para uma esfera de aço penetrar em mais de uma polegada de aço blindado. A rápida pressão seguida pelo vácuo deixado causaria danos adicionais significativos. No treinamento, nunca havíamos sequer simulado o lançamento de uma bomba tão perto de tropas aliadas – presumia-se automaticamente que isso causaria um fratricídio.

Contudo, aquilo não era uma situação normal. As tropas estavam encurraladas por tiros precisos vindos de um complexo fortificado. Não tínhamos muito tempo – eles estavam ficando sem munição, e eu logo estaria no meu combustível bingo. Eu poderia pensar em duas opções para atenuar a força da bomba. A primeira era jogá-la no lado oposto ao local onde as forças aliadas estavam no complexo, protegendo-as assim com o próprio complexo. Mas aquela era a minha última bomba – eu precisava ter certeza de que ela destruiria a posição inimiga. A outra opção era reprogramar rapidamente o detonador para que ele atrasasse a explosão por alguns segundos após o impacto no alvo. Isso faria com que a bomba explodisse a vários metros de profundidade, reduzindo a explosão e a fragmentação.

176 | A ARTE DE PENSAR COM CLAREZA

Eu seria responsabilizado por qualquer arma que meu parceiro e eu deixássemos cair. O lançamento deliberado de uma bomba de 900 quilos tão próximo às tropas ia contra todos os nossos regulamentos táticos – se parte das tropas fosse ferida ou morta, havia uma boa chance de eu nunca mais voar. Eu poderia ser levado à corte marcial. Durante o combate, a maioria das pessoas não se preocupa com suas carreiras – elas fazem o que é preciso ser feito para cumprir a missão e trazer as pessoas para casa com vida. Já vi tripulações de aviões-tanque voarem bem abaixo de seu combustível bingo para reabastecer outras aeronaves, já vi pilotos decolarem sem as condições meteorológicas básicas para ajudar tropas sob ataque, e já vi pessoas usarem armas fora de seu envelope recomendado porque essa era a única maneira de salvar as tropas no solo. As regras e os regulamentos são projetados para um cenário genérico – o combate coloca as pessoas em situações com uma combinação de variáveis impossíveis de serem previstas.

A única coisa que importava para mim era encontrar a opção que trouxesse mais vantagens para as tropas em terra. Destacado a 15 mil pés acima do campo de batalha, eu podia ver o quadro geral. O inimigo estava reforçando sua posição e ficando cada vez mais forte, enquanto as tropas estavam sendo derrubadas. Não havia como saber como tudo iria se desenrolar; mas eu avaliei que, se não fizesse nada, havia pelo menos 50% de chance de eles sofrerem mais baixas. Havia também uma chance pequena, mas crescente, de que os reforços do ISIS chegassem a um ponto de virada, permitindo que eles dominassem as tropas.

Para descobrir o valor de lançar a bomba, usei um gráfico que havia memorizado antes do destacamento, chamado de *probabilidade de incapacitação*. No gráfico, havia diferentes alcances para as várias armas que carregávamos, assim como a probabilidade de ferir alguém dentro desses alcances. A queda de hoje estava bem fora dos gráficos; eu precisaria extrapolar o risco. Levando em conta a lei da potência, estimei que havia 30% de chance de ferir as tropas se elas não estivessem protegidas. Eu poderia reduzir essa probabilidade para algo em torno de 10% se ajustasse o detonador para que a explosão acontecesse no subsolo. E poderia reduzir ainda

RESISTÊNCIA MENTAL | 177

mais esse percentual se as tropas conseguissem se proteger de forma mais segura, atrás de pedras grandes ou debaixo de um monte de terra.

Transmiti ao controlador que eu poderia destruir o complexo, mas que aquilo representava um risco significativo para eles – teriam de se proteger quando a bomba explodisse, cobrindo os ouvidos e abrindo a boca para evitar que os tímpanos e os pulmões se rompessem com a pressão. Em conversa com seu comandante em terra, eles concordaram que o risco valia a pena.

Com isso, empurrei o acelerador para a frente, aumentando a velocidade para dar à bomba a maior quantidade de energia possível durante minha manobra em direção ao alvo. Iniciei a rolagem, sentindo a força gravitacional me pressionar contra o assento, e alinhei a barra de direção no meu monitor de alertas. Depois, olhei para os meus aviônicos e ajustei o ponto de mira no designador de alvos de modo que ele ficasse ligeiramente deslocado e longe das tropas amigas, mas ainda no teto do complexo. Puxei o gatilho até a metade para disparar o laser, passando as coordenadas de armas com mira de precisão para a bomba. Verifiquei novamente se eu estava no modo de armamento e, em seguida, apertei com firmeza o botão vermelho de liberação de armas. Por um segundo e meio, nada aconteceu enquanto o sinal chegava à bomba e as travas eram liberadas. Embora eu tenha lançado muitas bombas em minha carreira, esse segundo e meio sempre parece demorar uma eternidade, principalmente em ataques importantes. Por fim, a arma do tamanho de um carro se separou da minha asa, fazendo com que o jato rolasse na direção oposta. Pelo rádio, eu disse: "Arma liberada. Quarenta e cinco segundos para o impacto."

A essa altura, não havia mais nada que eu pudesse fazer – a bomba já havia passado do ponto de não retorno e seguia por conta própria. Apesar de as armas modernas serem incrivelmente precisas e altamente confiáveis, ainda existem dezenas de pontos de falha que podem fazer com que a bomba não atinja o alvo pretendido. No mês anterior, meu esquadrão havia lançado várias bombas que ficaram "burras", como chamamos, errando completamente o alvo devido a uma falha interna da bomba. Com as tropas aliadas tão próximas, não havia margem para erro nesse lançamento.

Quando a bomba se dirigiu ao alvo, eu voltei à minha órbita. Meu designador de alvo estava com o zoom ativado e fixado no complexo. Eu podia ver os clarões incandescentes do cano dos caças do ISIS enquanto o tempo para o impacto seguia em contagem regressiva. "Dez segundos", avisei pelo rádio. A bomba gigante estava agora se deslocando um pouco abaixo da velocidade do som, fazendo o barulho de um trem de carga enquanto voava em direção ao alvo. Por viajar tão rápido, ela não seria ouvida até poucos segundos antes do impacto. Quando a contagem regressiva terminou, pude ver a bomba atravessar a minha tela e atingir a parte de trás do complexo. Uma onda de choque se propagou rapidamente para fora do local antes que a tela inteira fosse tomada pelo calor gerado pela bomba. O calor branco logo foi substituído por uma nuvem espessa que se ergueu do local onde o complexo estava.

Essa era a hora da verdade – a bomba havia atingido o alvo pretendido, mas será que eu havia matado ou incapacitado parte das tropas aliadas? Eu havia lançado de forma consciente uma bomba perigosamente perto, colocado a vida das tropas em risco. Eu acreditava que o risco havia valido a pena; no entanto, com apenas trinta segundos para tomar a decisão, será que eu havia deixado passar alguma coisa? Se tivesse deixado, teria de conviver com isso pelo resto da vida, sabendo que, por engano, havia matado ou mutilado as tropas que estava protegendo. Será que eu perderia minhas asas ou seria levado à corte marcial? Eu podia ver pensamentos negativos se formando em minha mente e me distraindo da situação atual. Voltei ao meu treinamento mental e consegui deixar aquilo de lado. Haveria muito tempo após a missão para pensar nessas coisas – agora, eu ainda estava fazendo a diferença no campo de batalha e precisava me concentrar na próxima decisão.

Dez longos segundos de silêncio se passaram. A fumaça acima do alvo já havia se dissipado o suficiente para que eu pudesse ver através dela – não havia mais nada além de escombros e lixo. Eu estava prestes a apertar o botão do microfone para perguntar sobre a situação das tropas quando o controlador respondeu: "Bom disparo, bom disparo! Estamos todos bem!" Ao fundo, ouvi alguém gritar: "Puta que pariu!", enquanto vários outros gritavam.

O complexo era a principal fortaleza do inimigo. Sem ele, os combatentes restantes recuaram para a vegetação alta e para as árvores próximas à margem do rio. A essa altura, meu parceiro finalmente tinha voltado do avião-tanque, com uma carga completa de combustível. Depois de um rápido relatório de status para atualizar sua consciência situacional, comecei a me dirigir ao avião-tanque.

O sol estava começando a se pôr e os picos das montanhas, muitos com mais de 6 mil metros, projetavam longas sombras nos vales. Durante o trajeto, liguei para o quartel-general para obter uma atualização – o Exército havia aprovado um grande ataque com foguetes que aconteceria nos próximos trinta minutos. Como estava escurecendo, tirei o capacete e desconectei o visor de realidade aumentada, substituindo-o pelo meu suporte de visão noturna. Olhando para fora da cabine, pude ver como o ambiente era desolado – viajando a apenas alguns milhares de pés acima dos picos, era possível observar o vento soprando a neve das montanhas sem vegetação.

Depois de me juntar ao avião-tanque e reabastecer, já estava escuro. Tudo estava em tons de verde e preto através dos óculos de visão noturna. Embora o sol tivesse se posto completamente, eu ainda via o restinho de luz no horizonte verde-claro. Alguns minutos mais tarde, juntei-me ao meu parceiro e voltei à luta. Os combatentes do ISIS estavam se movendo pelo mato, tentando flanquear as tropas aliadas. Por satélite, o quartel-general me orientou a manter uma órbita ampla; a salva de foguetes começaria em breve e eles queriam ter certeza de que não nos abateriam inadvertidamente, o que foi um aviso bem-vindo.

Trinta segundos depois, os foguetes começaram a ser lançados da base aérea de Jalalabad, conhecida como J-Bad. Embora a base estivesse a dezenas de quilômetros de distância, meus óculos de visão noturna se iluminaram com um verde intenso quando os foguetes foram lançados. Eu podia ver cada orbe de luz vibrante voando alto na atmosfera. Normalmente, apenas um ou dois mísseis eram lançados de cada vez; no entanto, contei mais de uma dúzia lançados em rápida sucessão. Quando o último motor do foguete queimou, houve uma calma assustadora enquanto as ogivas voavam a mais de cem mil pés diretamente acima de nós.

Minutos depois, pude ver as ogivas voando entre mim e meu parceiro – elas se deslocavam tão rápido que pareciam apenas longas faixas de luz.

A ARTE DE PENSAR COM CLAREZA

Elas começaram a colidir no campo em um padrão de grade, cada uma a centenas de metros do ataque anterior. O Exército, sem saber exatamente onde estavam os combatentes do ISIS, decidiu destruir toda a área. Após alguns segundos, a área incandescia com pequenos incêndios. Durante a hora seguinte, permanecemos no posto enquanto as tropas voltavam para sua base operacional avançada.

TREINAMENTO MENTAL

As minhas experiências em combate ajudaram a formular o treinamento que desenvolvemos para aprimorar a resistência mental dos pilotos de caça. Com a aprovação do general e com financiamento, passamos a ter uma rara oportunidade de implementar o treinamento em toda a base. No entanto, havia muito mais em jogo – nossa base seria usada como um experimento e caso o programa fosse bem-sucedido ele seria implementado em todas as bases de treinamento de pilotos da Força Aérea dos Estados Unidos. Cada novo piloto receberia, desde o início, orientação e ferramentas sobre como gerenciar suas emoções para que pudesse manter o desempenho mental máximo dentro e fora da cabine de comando.

Como instrutores e desenvolvedores do programa, nós queríamos dar aos pilotos ferramentas que pudessem ser utilizadas em uma ampla gama de experiências. Embora fossem essenciais em tomadas de decisão de vida ou morte, também queríamos que elas fossem úteis para as experiências cotidianas. Ao liderar, falar em público ou receber feedback, queríamos que eles fossem capazes de regular perfeitamente sua mentalidade para terem o desempenho ideal. Também queríamos que eles pudessem usar essas habilidades fora do trabalho.

O alto desempenho não é algo que possa ser ligado e desligado – para que os pilotos tenham êxito na cabine de comando, eles precisavam também ser bem-sucedidos em suas vidas pessoais. O estilo de vida militar traz consigo muito estresse. Em média, os pilotos de caça ficam fora de casa mais da metade do tempo e devem se mudar para uma nova base de três em três anos. E geralmente essas bases ficam em lugares austeros, do outro lado do mundo, e as mudanças podem ocorrer de uma hora para outra. Queríamos oferecer aos pilotos ferramentas para o controle de suas emoções, de modo que pudessem tomar as melhores decisões possíveis para si mesmos e para suas famílias.

No ano seguinte, desenvolvemos um programa pioneiro, ao qual todos os novos pilotos que estavam aprendendo a pilotar o F-16 ou o F-35 teriam acesso durante o treinamento. Ao contrário das gerações anteriores, que esperavam encontrar uma maneira de serem mentalmente fortes por conta própria – uma mentalidade de "tudo ou nada" –, para nós essa era uma habilidade que pode ser aprendida e aprimorada. Embora alguns pilotos tivessem uma predisposição para lidar melhor com as emoções do que outros, todos eram capazes de melhorar. Desde o primeiro dia, os alunos treinavam suas mentes e seus corpos, além de aprender a pilotar a aeronave.

O ponto forte do programa foi a fusão da sabedoria dos pilotos de caça, acumulada desde os primórdios da aviação, com uma pesquisa moderna de desempenho cognitivo. Isso nos proporcionou uma abordagem combinada, na qual pudemos identificar conceitos que se sobrepunham, o que nos deu um grau maior de confiança sobre quais princípios eram eficazes. A formalização do programa de estudos garantiu que todos os alunos recebessem o treinamento necessário. Em termos gerais, ele era constituído de vários pilares:

1. O primeiro conceito afirmava que você não se eleva ao nível de suas expectativas, mas que deve permanecer no nível de sua preparação. Não basta apenas entender o conceito de resistência mental; é preciso praticá-lo até que ele se torne um resposta subconsciente. À medida que o estresse e a pressão aumentam, é fácil ser consumido pelas emoções e perder a capacidade de tomar decisões lógicas. É por isso que você perde vinte pontos de QI assim que coloca o capacete. O mesmo acontece quando se fala na frente de grandes grupos de pessoas, em uma entrevista de emprego ou em qualquer outra situação de alta pressão. É somente praticando uma

habilidade milhares de vezes que você poderá confiar nela quando mais precisar. Embora o treinamento de resistência mental seja um aspecto importante para o alto desempenho, ele não substitui o aprendizado da habilidade subjacente. Ao voar, falar ou praticar um esporte, nenhuma quantidade de treinamento de resistência mental compensará a falta de preparo durante a execução. O treinamento deve ser repetido até que muitas das habilidades e decisões se tornem rotina.

Para os pilotos estudantes, isso significava usar e abusar dos simuladores para praticar as mesmas manobras repetidas vezes, até que elas estivessem enraizadas em sua estrutura mental. Em seguida, aumentávamos a dificuldade e praticávamos as manobras no ar, onde eles eram submetidos ao estresse físico das altas velocidades e ao estresse mental causado por condições climáticas adversas, tráfego, mau funcionamento e outros eventos não programados. Por fim, incorporávamos as manobras em exercícios com uma força extensa, nos quais dezenas de outras aeronaves e pilotos contavam com a execução deles. Ao fim do treinamento, os alunos haviam praticado as manobras até o ponto de elas se tornarem automáticas – mesmo em situações de alto estresse, eles poderiam recorrer às repetições e ter a confiança de saber que conseguiriam realizar a tarefa com sucesso.

2. O conceito seguinte era o treinamento baseado em foco. Nosso cérebro é incrivelmente poderoso; no entanto, grande parte do esforço cerebral é desperdiçado pensando no que já aconteceu ou se preocupando com eventos futuros sobre os quais não temos controle. A chave para maximizar nossos recursos mentais é concentrar-se apenas naquilo que podemos controlar, ou seja, na próxima decisão a ser tomada.

Independentemente do nível de execução, erros sempre serão cometidos. Em vez de gastar nossos recursos mentais pensando neles, é importante deixar de lado esses pensamentos e voltar o foco para a situação atual. Há um momento para a análise de erros, que é durante o debriefing. Pensar em erros do passado durante a execução ocupa uma atenção que seria melhor empregada em algo sobre o qual temos controle. O mesmo se aplica a pensar muito no futuro – é uma distração que tira o foco do que está acontecendo no momento. Preocupar-se com a etapa 857 quando você ainda está na etapa 15 é apenas uma distração. Há muitas coisas que podem dar errado, e boa parte delas estão tão além do nosso controle que o melhor uso de energia e tempo que podemos fazer é focar na próxima decisão e ter flexibilidade quando o quadro mudar.

Embora seja difícil controlar os pensamentos nos quais devemos nos concentrar, assim como em qualquer outra habilidade, isso se torna mais fácil com a prática. Ainda que nossa meta fosse permitir que os pilotos fizessem uso do treinamento em condições extremas, nós começamos do outro lado do espectro – sozinhos em uma sala silenciosa, usando um tipo de meditação chamado *treinamento com base em foco*.

Os novos pilotos adotaram um regime de treinamento semelhante a um plano de exercícios físicos. Inicialmente, eles tinham apenas de fechar os olhos por alguns minutos e ficar atentos ao fluxo de pensamentos que não paravam de passar por suas mentes. Sua única meta era observar objetivamente os pensamentos e não se fixar em nenhum deles. Ao perceberem que haviam perdido o foco, eles tinham de voltar à condição objetiva. Com o tempo, a duração das sessões aumentava e os pontos de foco mudavam. Descobrimos que trinta minutos era o tempo ideal para que dessem conta de suas agendas lotadas e continuassem melhorando.

Depois que os pilotos se tornaram proficientes em uma sala silenciosa, alguns elementos do treinamento foram introduzidos durante os treinos para aumentar a complexidade e o estresse físico. Por fim, o treinamento progrediu e as técnicas foram utilizadas no simulador e, finalmente, durante os voos.

3. Uma das habilidades mais importantes a serem dominadas é aprender a acalmar o corpo e a mente durante eventos estressantes.

184 | A ARTE DE PENSAR COM CLAREZA

Mesmo em um voo nivelado e em linha reta, a frequência cardíaca de um piloto de caça costuma ultrapassar 100 batimentos por minuto. Durante períodos de alto estresse, ou ao suportar força-g intensa, não é incomum que a frequência cardíaca passe de 180 batimentos por minuto, o equivalente a uma corrida intensa. A partir dessa frequência, as habilidades motoras finas se deterioram rapidamente, habilidades essas que são fundamentais ao se pilotar um caça – mesmo um leve movimento no manche pode causar uma mudança abrupta na direção da aeronave, o que pode ser catastrófico em um *dogfight* ou ao reabastecer em um avião-tanque.

A melhor maneira de acalmar o corpo e a mente é concentrar-se na respiração. A respiração é um dos poucos processos do corpo que está sob nosso controle consciente e inconsciente. Não precisamos pensar para respirar; entretanto, ao contrário de muitos processos automáticos, como a digestão, também podemos assumir o controle da respiração de maneira consciente. Quando sentimos medo e estresse, nosso corpo entra em modo de luta ou fuga, e nossa respiração fica superficial e apressada. No entanto, isso pode ser atenuado quando diminuímos essa velocidade e conscientemente inspiramos mais fundo. Isso ativa o sistema nervoso parassimpático, que pode fazer com que o corpo volte a um estado físico mais relaxado e direcione nossas tomadas de decisão de volta para o neocórtex.

No calor do momento, pode ser difícil reconhecer sua frequência respiratória. Muitas vezes, experimentamos uma distorção temporal e temos dificuldade em estimar quanto tempo se passou. Para ajudar os alunos a avaliar suas frequências respiratórias, nós pedimos que eles façam uma contagem em silêncio durante a respiração. Em um dos exercícios, os alunos praticavam o que é chamado de *respiração de caixa*, em que inspiravam por cinco segundos, mantinham o fôlego por cinco segundos, expiravam por cinco segundos, mantinham o fôlego por mais cinco segundos, e assim por diante durante cinco minutos. Outra variação era chamada de *respiração triangular*, em que eles inspiravam por cinco segundos, expiravam por cinco segundos e depois mantinham o fôlego por mais cinco segundos antes de repetir o processo. Embora existam muitas técnicas diferentes, no fim das contas tudo se resume às preferências individuais aliada às demandas de oxigênio do corpo. Se você estiver correndo, nadando ou em um *dogfight*, seu corpo precisará de um suprimento muito maior de oxigênio do que quando estiver menos ativo. O importante não é seguir um padrão de respiração específico, e sim aprender a desacelerar e aprofundar a respiração para que a mente retorne a um estado ideal o mais rápido possível. Também é importante que a respiração seja feita principalmente pelo nariz, pois ele otimiza a temperatura, a umidade, a quantidade e a circulação do ar melhor do que a boca. Depois de fazer com que os alunos praticassem a respiração focada em um ambiente estático, nós a incorporamos em seus exercícios físicos. Isso permitiu que eles usassem as técnicas aprendidas em um ambiente mais dinâmico, o que serviu como uma ponte entre a prática das técnicas em uma sala silenciosa e a utilização delas durante o voo.

4. O conceito seguinte que aplicamos foi o desenvolvimento sistemático da confiança. Sentar-se em cima de um motor que produz mais de dezoito toneladas de empuxo enquanto centenas de pessoas no campo de batalha contam com você exige confiança. Sem a confiança para tomar decisões acertadas, você coloca a si mesmo e aos outros em risco. Isso faz parte do *ethos* dos pilotos de caça, que remonta a quase um século. No passado, pensava-se que ou você tinha confiança ou não tinha – e aqueles que não tinham eram eliminados no início do treinamento. No entanto, a confiança é uma habilidade que pode ser aprimorada, principalmente por meio de nosso diálogo interno – a maneira como falamos com nós mesmos. Muitos dos alunos eram perfeccionistas – pilotos de alto desempenho que colocavam uma pressão desnecessária sobre si mesmos para serem bem-sucedidos. Isso agravava os efeitos do estresse durante o processo de tomada de decisão e, muitas vezes, fazia com que eles fracassassem em tarefas que já sabiam como realizar. A

competição acirrada do treinamento de pilotos, juntamente com o alto padrão esperado durante o treinamento de caças, fez com que muitos deles duvidassem de suas habilidades e se atrapalhassem nos momentos mais importantes.

Muitos dos alunos se repreendiam e tinham um diálogo interno negativo. Embora isso pudesse ser um motivador poderoso, também fazia com que eles duvidassem si mesmos, o que era prejudicial para a tomadas de decisão de alto risco. A solução foi combinar o treinamento de foco com uma técnica chamada *reformulação*. Sempre que os alunos notassem um pensamento negativo, eles teriam de identificá-lo e substituí-lo por um positivo. Falar era mais fácil do que fazer – era preciso praticar até o ponto em que isso se tornasse habitual. Começamos devagar, dedicando apenas alguns minutos por dia ao exercício da técnica. Em seguida, incorporamos a técnica aos treinos, depois às sessões no simulador e, por fim, ao voo.

5. Também implementamos um tipo de treinamento de visualização conhecido como *voo na cadeira*. A técnica remontava aos aviadores da Segunda Guerra Mundial, mas fizemos pequenas alterações com base na neurociência moderna. Os alunos fechavam os olhos e ensaiavam mentalmente um voo, incorporando o maior número possível de sentidos. Isso permitia que eles praticassem os conceitos que haviam aprendido da mesma forma que os usariam durante um voo real. Apesar de ser uma ótima ferramenta de preparação, também a usamos para aumentar a confiança deles. Quando voavam na cadeira, os alunos se visualizavam concluindo cada manobra com êxito – caso surgisse alguma dúvida, ou sentissem que tinham cometido um erro, eles simplesmente repetiam a manobra ou o procedimento até que, em suas mentes, tivessem concluído com êxito.

No decorrer do ano, acompanhamos o desempenho dos alunos em relação aos dados históricos. Descobrimos que a regulação emocional pode melhorar significativamente se for tratada como uma habilidade. Todos tinham capacidade de melhorar. Logo ela se tornou apenas uma parte das muitas facetas necessárias para um bom desempenho como piloto de caça. De modo geral, a taxa de desistência diminuiu e, ao mesmo tempo que os melhores alunos continuavam com seus bons resultados, os alunos medianos e abaixo da média obtiveram ganhos consideráveis em seu desempenho. Como instrutores, notamos que havia menos do efeito de bola de neve quando um aluno cometia um erro – eles conseguiam manter o foco e continuar o voo apesar do contratempo.

Os resultados foram relevantes o bastante para que o treinamento mental fosse adotado de maneira permanente em todas as bases de treinamento de pilotos da Força Aérea. Os alunos, então, passaram a ser expostos a essas técnicas já num primeiro momento, para que tenham uma base de resistência mental que possa ser ampliada ao começarem a pilotar os caças. O treinamento tem sido tão eficaz que muitas outras áreas de carreira no Departamento de Defesa – tanto combatentes de guerra na linha de frente quanto as equipes de apoio fora de perigo – implementaram as técnicas para que pudessem manter o desempenho mental máximo.

7

PRIORIZE E SEJA DECISIVO

Em 12 de novembro de 2016, um homem chamado Ahmad Nayeb perdeu intencionalmente o ônibus matutino que saía da Base Aérea de Bagram, no Afeganistão. Em vez de entrar no ônibus, ele começou a caminhar nas primeiras horas da madrugada pela estrada escura, iluminada a cada poucos metros por torres de luz a diesel.

Ahmad era natural do Afeganistão e trabalhava como empreiteiro civil na Base Aérea de Bagram, a maior base internacional do país. Apesar da redução das forças norte-americanas no país para menos de 8.500 soldados, Bagram ainda empregava dezenas de milhares de civis como apoio de suas operações. Mais que uma base, Bagram seria melhor descrita como uma cidade fortificada. O fluxo contínuo de suprimentos nos últimos quinze anos transformou a base em um extenso mar de prédios e barracas, todos protegidos por paredes de concreto cinza, erguidas em grande altura para proteger os habitantes dos disparos diários de morteiros. Durante o dia, as estradas se transformavam em um desfile de ônibus, caminhões e máquinas de construção em constante congestionamento, enquanto grandes veículos blindados circulavam entre eles. Fora os militares, poucos habitantes eram dos Estados Unidos – a maioria era de outros países, como Índia, Uganda, Ucrânia, Quirguistão e Nepal, bem como do interior do Afeganistão.

Ahmad era um ex-integrante do Talibã; no entanto, depois de passar por um programa de reintegração voltado à "renúncia da violência por meios honrosos e à vida dentro das leis do Afeganistão", ele foi contratado por uma subempreiteira da Fluor Corporation, a maior empresa de engenharia e construção dos Estados Unidos – a mesma empresa que havia supervisionado com discrição megaprojetos como a reconstrução do Iraque, a recuperação após o furacão Katrina e a construção do sistema de oleodutos Trans-Alaska.

Nos cinco anos seguintes, Ahmad trabalhou no pátio de veículos da base fazendo manutenção de nível básico, depois foi transferido para a seção de materiais perigosos do depósito, onde se tornou o único funcionário do turno da noite. Estranhamente, Ahmad não tinha um supervisor direto – dependendo do trabalho que fazia no dia, Ahmad recebia supervisão esporádica e depois era deixado por conta própria. Embora nunca tenha recebido nenhum tipo de aconselhamento formal ou ação disciplinar, ele foi flagrado várias vezes dormindo e desaparecia por horas a fio. Como outro funcionário disse mais tarde, "era normal que ele não estivesse na área de trabalho".

Como funcionário em uma seção de materiais perigosos, Ahmad não tinha ordem nem autorização para fazer retiradas de ferramentas; no entanto, nos meses anteriores, ele havia retirado um multímetro – uma ferramenta usada para medir tensão, corrente e resistência – nove vezes. Quando questionado por um supervisor sobre o uso repetido de ferramentas não autorizadas, ele disse que estava consertando um rádio em uma ocasião e uma máquina de cortar cabelo em outra. Ahmad, contudo, estava construindo um colete suicida, e o pátio de veículos era a área perfeita na base para construí-lo – ele tinha acesso a quase tudo de que precisava, como fios, interruptores de disparo, ferramentas e, o mais importante, tempo sem supervisão. A única coisa a qual ele não tinha acesso eram explosivos, embora conseguisse acumular lentamente uma quantidade razoável de material que contrabandeava para dentro da base todos os dias por meio de um compartimento oculto em sua bolsinha de tabaco.

E assim, na manhã de 12 de novembro, Ahmad deixou o pátio de veículos pela última vez. Em teoria, deveria ter havido um último controle que detectasse sua ausência – a programação indicava que Ahmad deveria ir embora no ônibus das 4h45, que o faria se dirigir ao portão principal. O regulamento de Bagram exigia que os afegãos locais fossem escoltados e estivessem sempre à vista de seus supervisores; mas os supervisores da Fluor eram substituídos ou trocados quase que semanalmente, fazendo com que os funcionários dependessem de uma folha de ponto para manter esse controle. Os trabalhadores locais ficavam para trás com tanta frequência que, muitas vezes, era necessário mandar um segundo ônibus para pegar os retardatários.

Ahmad não havia escolhido o dia 12 de novembro por simples acaso. Normalmente, as operações em Bagram eram realizadas dia e noite – não havia nenhuma interrupção no ritmo das operações, independentemente do horário ou dos fins de semana. Entretanto, em alguns feriados selecionados ao longo do ano, a liderança da base permitia pequenas confraternizações para ajudar a elevar o espírito das tropas. O dia 12 de novembro foi um desses dias – era a comemoração do Dia dos Veteranos e, para celebrá-lo, uma corrida de 5 quilômetros foi programada para começar às 6h15, horário em que o sol começava a nascer.

Durante os 53 minutos seguintes, Ahmad andou sozinho pela avenida principal, chamada Disney Drive, em direção à sede da base, que servia como ponto de partida para a corrida. Centenas de pessoas já estavam reunidas no frio da madrugada para os preparativos da corrida – cada uma vestida com o uniforme de treino padrão de suas respectivas unidades. Ahmad começou a circular silenciosamente pelos arredores da multidão. A 300 metros do ponto de encontro, Winston Hencely, um especialista do Exército com vinte anos de carreira, notou Ahmad e achou que ele parecia deslocado. Hencely pediu repetidas vezes que Ahmad parasse; mas não obteve resposta, Ahmad apenas acelerou o passo enquanto avançava pela multidão. Hencely correu e agarrou o ombro de Ahmad, e foi então que ele sentiu o volumoso colete de explosivos sob o manto de Ahmad. Antes que ele tivesse tempo de gritar, Ahmad pressionou o detonador, explodindo o colete e arremessando centenas de porcas e parafusos na multidão.

Do outro lado da pista estavam os meus alojamentos. Eu havia voado em missão na noite anterior e tinha acabado de ir para a cama quando ouvi a explosão. A princípio, não achei nada de mais – Bagram era um faroeste moderno. A qualquer hora, havia lançamentos de mísseis, disparos de morteiros e dos canhões da base atravessando o ar. Ao caminhar do lado de fora, não era raro ver fumaça escura saindo de alguma seção sem motivo aparente. Havia tanta coisa acontecendo e estávamos tão ocupados que tudo se tornou normal – se não afetava você, não era motivo de preocupação.

Com isso em mente, voltei a dormir. Algum tempo depois, ouvi os alto--falantes da base soarem com um toque de carga de cavalaria – o sinal de que a base estava sendo atacada. Saí da cama bem a tempo de outro piloto entrar e me dizer que era um ataque interno, com vários mortos e mais de uma dúzia de feridos. Ele havia entrado em contato com nossa liderança sênior, e as ordens que me passaram foram para voltar a dormir e estar pronto para pilotar um F-16 naquela tarde, assim que a base estivesse pronta para lançar as aeronaves.

Tentar voltar a dormir depois de saber que a base estava sob ataque e com várias baixas foi difícil. No entanto, a Força Aérea realizou vários estudos ao longo dos anos, analisando a duração e a qualidade do sono em relação ao desempenho dos pilotos, e mostrou que o sono é um dos fatores mais importantes na preparação para um voo. Com isso em mente, tentei dormir com algum sucesso; contudo, na maior parte do tempo eu descansava enquanto pensava na tarde que teria por vir. Embora tivéssemos recebido uma medicação para dormir, conhecidas como *no gos*, eu queria estar alerta o suficiente para defender os alojamentos caso fossem atacados diretamente.

Depois de algumas horas, eu me levantei, olhei pela janela e fiquei chocado com a mudança. Poucas horas antes, ônibus, caminhões, pedestres e veículos blindados disputavam espaço nas estreitas estradas de terra. Agora, não havia uma única pessoa à vista. Tudo estava completamente fechado. Todas as aeronaves, até mesmo nossos F-16, permaneciam em solo, tornando a base silenciosa pela primeira vez em anos.

Nas horas que se seguiram à explosão suicida, uma quantidade enorme de informações começou a chegar. Os guardas do perímetro relataram sistemas aéreos não tripulados sobrevoando a base, outros dispositivos explosivos improvisados suspeitos foram encontrados e multidões suspeitas estavam se reunindo nos pontos de controle de entrada ao redor da base. Também foram registrados disparos de armas pequenas e outras explosões não confirmadas. Parecia que estávamos prestes a sofrer um ataque grande e complexo, então foi decidido que nosso esquadrão precisaria lançar os F-16 para defender a base. Disseram-me que eu lideraria dois F-16 naquela noite, em um dos primeiros lançamentos desde a explosão.

Estávamos em modo de alerta máximo, todos estavam trancados e com ordens para não se movimentarem e manterem suas armas de fogo por perto. Qualquer pessoa que saísse da base precisaria de tudo o que chamamos de "tralha de batalha", ou seja, além de nossas armas, precisaríamos de nossos coletes à prova de balas com placas de cerâmica, bem como nossos capacetes de Kevlar. Com a ameaça de um ataque químico, também carregávamos nossas máscaras, presas à cintura para acesso rápido.

À medida que o momento da missão se aproximava, meu parceiro e eu nos encontramos no final do alojamento com nossos trajes volumosos. Começamos então a caminhada silenciosa em direção à linha de voo, onde ficava o prédio de operações. Conforme o sol se punha, o vento entrecortava as estradas de cascalho, lançando uma poeira fina como talco no ar, de uma tonalidade vermelho-escura. Uma cidade com milhares de pessoas dirigindo e andando pelas ruas na noite anterior, agora estava completamente vazia. Não havia nem mesmo equipe de segurança. Mais tarde, descobrimos que, no caos pós-ataque, muitos se consideraram não essenciais e se abrigaram em lugares fechados.

Ao entrar no centro de operações, meu parceiro e eu recebemos um briefing de inteligência com um quadro mais detalhado do que havia acontecido e o que devíamos esperar do inimigo. Fomos informados de que a ação mais letal que eles poderiam realizar seria a penetração de um dispositivo explosivo improvisado em um veículo na base, e que nossa tarefa seria impedir isso a todo custo. Depois disso, informei meu parceiro sobre a missão e também que, devido ao risco à segurança, se um de nós tivesse de abortá-la em solo, o outro precisaria decolar, contrariando nosso procedimento padrão de trabalhar em equipe – aceitaríamos um risco maior para defender a base. Em seguida, colocamos nosso equipamento de voo: o arnês para nos prender ao assento ejetável, o traje G, o colete de sobrevivência e a pistola. Devido ao procedimento de segurança reforçada e à ameaça dos franco-atiradores inimigos na área, vestimos os coletes e capacetes de Kevlar, aumentando o peso de nosso equipamento em vinte quilos.

Ao sairmos do prédio fortificado para a noite, fomos novamente atingidos pelo vento frio, que entorpeceu nosso rosto ao caminharmos na escuridão rumo às nossas aeronaves. Os F-16 foram avistados – as luzes suspensas banhavam os jatos com uma luz branca fluorescente. Normalmente, havia dezenas de mantenedores preparando os jatos para a decolagem – desta vez, porém, não havia ninguém à vista. A rampa estava silenciosa, exceto pelo zumbido elétrico das luzes de segurança.

Enquanto caminhava, vi um único chefe de equipe, com a aparência de um adolescente, parado ao lado do jato. Seu colete à prova de balas e seu capacete eram excessivamente grandes para seu corpo pequeno. Havia um rifle M16 em suas mãos, que ele pendurou no ombro ao me ver chegar, para que pudéssemos nos cumprimentar e apertar as mãos. Perguntei a ele onde estavam todos. O rapaz relatou que todos os outros tinham recebido ordens para entrar, e que ele estava ali fora sozinho havia meia hora, à espera.

Em sua área de atuação, os mantenedores estão entre as pessoas que mais trabalham na Força Aérea. As aeronaves de caça exigem mais de dez de horas de manutenção para cada hora de voo. São eles que trabalham durante a noite, apoiados sobre as mãos e os joelhos na entrada do motor para garantir que os aviões estejam prontos para voar. Um chefe de equipe adolescente, sozinho em uma noite fria, é um exemplo perfeito da maneira como eles pensam.

Depois de fazer a inspeção geral do jato, subi a escada e entrei na cabine de comando. Dei um último aperto de mão no chefe da equipe e comecei a iniciar os aviônicos. Sinalizei para ele que estava ligando o motor e acionei o interruptor para ativar o motor a jato. Quando o ar comprimido começou a girar lentamente o motor, abaixei a capota e segui dando vida ao motor e aos sistemas de missão do jato. Foi então que, pelo canto do olho, vi algo grande se movendo.

Depois de alguns segundos, percebi que era um caminhão de combustível vindo em minha direção, mas não era um caminhão americano – em vez do verde-oliva padrão usado em toda a base, era um amarelo desbotado e coberto de sujeira. O caminhão se deslocava mais depressa do que o normal enquanto contornava as barricadas em nossa direção. Pude ver sua suspensão sacudindo à medida que ele passava rapidamente pelas barreiras de proteção ao redor dos outros F-16 estacionados. À medida que se aproximava, pude distinguir grandes letras estrangeiras na lateral do caminhão, acima dos para-lamas enferrujados.

Um dispositivo explosivo improvisado de grande porte transportado por um veículo era a maior ameaça às forças dos EUA no Afeganistão. O tamanho gigantesco da explosão poderia destruir quase todas as fortificações. Era uma ameaça que não precisava nem de aprovação para ser atacada. Se conseguíssemos confirmar que havíamos encontrado um deles, tínhamos total autoridade para destruí-lo, independentemente dos danos colaterais que pudesse causar. Dois meses antes, um dispositivo havia sido detonado em Cabul, capital do Afeganistão, ao sul de nossa base. Depois que os socorristas chegaram, um segundo foi detonado, aumentando drasticamente o número de mortos. Apenas dois dias antes, em outro ataque, um grupo de terroristas invadiu o consulado alemão em Mazar-i-Sharif com um caminhão cheio de explosivos. O ataque resultou em mais de 120 vítimas e danificou gravemente a infraestrutura local.

Os doze F-16 do nosso esquadrão representavam toda a força de combate no Afeganistão. Fomos informados várias vezes de que éramos um alvo estratégico para o Talibã e que deveríamos estar atentos a sabotagens e outras tentativas de destruição das nossas aeronaves. O caminhão que estava se aproximando de mim se encaixava nessa descrição.

Durante minha carreira, houve várias ocasiões em que pensei estar correndo risco de vida. Normalmente, isso é quase um reflexo quando vários jatos passam um ao lado do outro em velocidade de aproximação supersônica. O evento geralmente dura apenas alguns segundos. Todos os pensamentos secundários desaparecem enquanto a mente se concentra na melhor maneira de resolver o problema. Nesse caso, no entanto, havia tempo de sobra. Não foi uma decisão reflexiva, mas sim metódica – havia um entendimento de que, apesar da incerteza, eu precisaria agir de forma decisiva.

OVERLORD

A uma hora e meia de carro ao sul de Londres, há uma casa situada na zona rural inglesa, com vista para o porto de Portsmouth. Conhecida como Southwick House, ela hoje parece uma despretensiosa pousada entre as árvores e as terras agrícolas ao redor. Embora aparente ter a tranquilidade

196 | A ARTE DE PENSAR COM CLAREZA

de um museu, há muitas décadas foi o centro nervoso de uma das maiores operações da história.

A casa foi mantida de maneira quase idêntica ao modo como era durante aquelas poucas semanas onde aconteceu um momento decisivo da Segunda Guerra Mundial. No centro da casa fica a sala de mapas, onde os estágios finais da invasão do Dia D foram planejados. Hoje, ela está vazia; mas há uma imagem desenhada à mão pendurada na parede que mostra como ela costumava ser durante o verão de 1944. Como a sala era um dos lugares mais secretos do mundo na época, a imagem, feita a partir de relatos em primeira mão, é a única referência visual que existe do local durante a guerra.

No desenho, há homens e mulheres uniformizados ocupando toda a sala. Sua aparência é exausta e há uma tensão no rosto. Mapas cobrem todas as paredes e as mesas, que foram colocadas juntas, formam uma sala de guerra improvisada. Na frente, há um grande mapa pintado que retrata o Canal da Mancha, onde um homem em uma escada está movendo navios feitos de recortes de madeira. A operação era tão confidencial que até mesmo esse grande mapa era um desafio.

Os nazistas sabiam que uma invasão estava por vir e haviam desenvolvido uma rede de espiões para descobrir os detalhes. Os Aliados, sem tempo e sem pessoal para construir um mapa preciso de dois níveis, contrataram um fabricante de brinquedos para a tarefa. Embora fosse uma empresa confiável, os funcionários não estavam autorizados a receber as informações ultrassecretas. Para não revelar a localização exata dos desembarques, um mapa de todo o continente europeu – do tamanho de um grande edifício – foi encomendado. Ele foi então enviado em seções, juntamente com carpinteiros para montá-lo. Porém, quando os carpinteiros chegaram, foram instruídos a pendurar apenas a seção que mostrava o litoral da Normandia e depois queimar o restante do mapa. Os carpinteiros, que agora sabiam onde o desembarque estava ocorrendo, foram então colocados em prisão domiciliar, enquanto um telegrama era enviado às suas famílias, informando que não esperassem notícias deles a curto prazo.

No início de junho de 1944, poucos dias antes da invasão programada, o general Dwight D. Eisenhower, comandante supremo das Forças Aliadas, transferiu seu quartel-general para a casa. O codinome do ataque era Operação Overlord, e seria o maior da história. Os números foram impressionantes: 1,2 mil aeronaves, 5 mil navios e mais de 160 mil soldados cruzariam o Canal da Mancha em menos de um dia para expulsar os nazistas das praias da Normandia. Até o final de agosto, esperava-se que mais de dois milhões de soldados aliados tivessem cruzado a fronteira da França.

Faltavam apenas alguns dias para o ataque e aquele era o ápice de mais de três anos de intenso planejamento. A força internacional era composta por treze nações, sendo a maioria dos Estados Unidos, do Reino Unido e do Canadá. Foram necessários mais de dois anos apenas para fabricar, transportar e estocar os suprimentos para a operação – cada soldado precisava de dez toneladas de suprimentos e uma tonelada adicional para cada mês em território estrangeiro. Para ocultar o ponto exato do desembarque, uma vasta operação foi realizada para enganar os alemães, com comunicações falsas de rádio, grupos de Exército fictícios e equipamentos infláveis. Até mesmo o general Patton, talvez o líder militar mais temido pelos alemães, foi recrutado para comandar um batalhão falso e dar credibilidade à ideia de que a invasão aliada seria conduzida a centenas de quilômetros ao norte, em Pas-de-Calais. Para confundir ainda mais os alemães, a famosa agência de contraespionagem MI5 havia usado um agente duplo para desenvolver uma rede de espiões fictícios, sobrecarregando os oficiais de inteligência alemães de tal forma que duas divisões blindadas e dezenove divisões de infantaria ainda eram mantidas na reserva por meses após o Dia D, para a suposta invasão "real".

O treinamento e os exercícios que antecederam o Dia D não tinham precedentes. Uma simulação completa, com munição real, foi realizada durante o treinamento da força americana que desembarcaria na Praia de Utah. Cidades inteiras foram evacuadas para o exercício que durou uma semana e incluiu trinta mil soldados e uma armada de navios com 5 quilômetros de comprimento. Durante o primeiro ataque do treinamento, cerca de 450 soldados foram mortos pelo fogo amigo, um número impressionante. Mas a preparação foi considerada tão importante que o exercício continuou. No dia seguinte, os E-boats alemães torpedearam e afundaram vários dos navios de desembarque, matando outros 749 soldados. Após esse incidente, a invasão da Normandia quase foi cancelada, não por causa das perdas, mas porque havia rumores de que os E-boats alemães haviam retirado prisioneiros da água e os estavam interrogando. Vários dos oficiais desaparecidos tinham autorizações de nível BIGOT (Invasão Britânica do Território Ocupado pelos Alemães), que colocavam a invasão em risco. Durante as 48 horas seguintes, mergulhadores da Marinha vasculharam o fundo do oceano até que todos os corpos dos oficiais fossem resgatados. Todos os envolvidos na recuperação juraram segredo, e os detalhes do evento foram mantidos em sigilo por quase quarenta anos.

Com Eisenhower e sua equipe na Southwick House, todo o sul da Inglaterra passou a ser um vasto campo militar. Havia milhões de soldados isolados do restante do país por arame farpado e guardas armados, para evitar que saíssem e vazassem informações confidenciais. Como Eisenhower descreveu, "uma grande mola humana no momento contraída, sua força será liberada e ela deve saltar o Canal da Mancha na maior operação anfíbia já feita".

Grande parte do planejamento estava concluída; no entanto, cabia a Eisenhower decidir seguir ou não com a invasão, que foi provisoriamente planejada para a manhã de 5 de junho. Como a luminosidade do luar era necessária para as divisões aéreas e as marés baixas eram importantes para a realização dos desembarques, os Aliados só poderiam adiar a operação até 7 de junho. Após essa data seria necessário um mínimo de duas semanas para recuperar as condições necessárias. Além disso, um atraso maior teria efeitos em cascata que durariam mais de um ano e poderiam comprometer a campanha dos Aliados.

Logo no início, Eisenhower identificou que a variável mais importante para a operação era o imprevisível clima inglês. O mês de maio havia sido favorável; entretanto, o clima em junho tinha o histórico de ser bastante instável e propenso a mudanças rápidas. O desafio logístico de desembarcar e atacar uma praia fortificada exigia condições ideais. Nuvens baixas fariam com que os paraquedistas e planadores perdessem suas zonas de lançamento e impediriam que os caças aliados realizassem apoio aéreo próximo. O mar agitado resultaria em muitos dos navios de desembarque afundando antes de chegarem às praias. Mesmo que a onda inicial fosse bem-sucedida, seria necessário um mínimo de três dias de tempo bom para reabastecer as forças de desembarque e resistir ao esperado contra-ataque alemão. Os Aliados também haviam construído dois enormes portos artificiais que precisavam ser rebocados para facilitar o rápido descarregamento da carga. Somente os portos consistiam em mais de quatrocentos componentes rebocados e pesavam o equivalente a mais de vinte superporta-aviões modernos. Rebocá-los pelo porto e montar os componentes exigia condições ideais.

O escritório meteorológico de Eisenhower era composto por equipes de especialistas das Forças Armadas britânicas e norte-americanas, bem como do serviço meteorológico nacional. Ele era chefiado pelo capitão de grupo da Força Aérea Real, o capitão James Stagg, meteorologista veterano que havia liderado uma expedição polar ao Ártico e atuado como superintendente no famoso Observatório Kew, em Londres, antes de ser nomeado chefe de meteorologia da Operação Overlord.

A coleta de dados meteorológicos foi fruto de muita dedicação para a operação – esquadrões de bombardeiros Halifax modificados sobrevoaram o Atlântico por centenas de quilômetros, transmitindo por rádio as mudanças de temperatura e pressão. As missões de dez horas estavam sendo realizadas durante todo o dia, apesar do mau tempo. Dezenas de tripulações já haviam sido perdidas na tentativa de entender os movimentos climáticos para ajudar na decisão de Eisenhower.

Já perto das 72 horas que antecediam a invasão, Eisenhower passou a realizar duas reuniões diárias sobre o clima na biblioteca da casa, um grande cômodo bege com vista para o terreno. Os dados até então eram inconclusivos – havia um sistema de alta pressão movendo-se para o sul da Islândia, causando depressões sobre o Atlântico, normalmente um sinal de mau tempo. No entanto, naquele momento, o tempo estava aberto e favorável. Começaram a surgir divergências entre as equipes de meteorologia, o que exigiu que o chefe de operações de duas estrelas de Eisenhower interviesse e dissesse: "Pelo amor de Deus, Stagg, resolva isso até amanhã de manhã, antes da conferência do comandante supremo."

Embora a Operação Overlord tenha sido a maior invasão da história, forças geopolíticas ainda maiores estavam em ação. Quase seis meses antes, os três principais líderes aliados da guerra – Franklin Roosevelt, Winston

Churchill e Joseph Stalin – haviam se reunido em uma conferência secreta no Irã. Os russos estavam travando uma guerra brutal de desgaste na frente oriental, e Stalin estava ficando cada vez mais impaciente com Roosevelt e Churchill. Até então, os russos haviam causado 80% das baixas militares alemãs, à custa de um número impressionante de 20 milhões de vítimas e quase 40% do país em ruínas. Como os comandantes russos gostavam de dizer, eles sofriam mais baixas antes do café da manhã do que os Aliados sofriam em um mês. E assim, ao sair da conferência, Roosevelt cedeu ao pedido de ajuda de Stalin e definiu uma data específica para a invasão: maio de 1944.

Nos meses seguintes, os planos iniciais da invasão foram ampliados, fazendo com que a data fosse adiada para o início de junho. Isso frustrou os russos, que estavam planejando um ataque simultâneo próprio na frente oriental. Devido ao sigilo do plano, somente a data provisória do fim de maio foi comunicada a eles, sem mais detalhes. Na Rússia, havia um ceticismo crescente de que todo o plano era uma fraude dos norte-americanos e britânicos, que nunca tiveram a intenção de cumprir sua parte no acordo.

Os Aliados, por sua vez, também temiam um atraso na operação. Estava ficando cada vez mais claro que, após a queda da Alemanha, os soviéticos logo se tornariam um adversário. Uma campanha bem-sucedida na França e na Alemanha daria aos Aliados uma influência muito maior na reconstrução da Europa após a guerra.

Na noite de 3 de junho, muitos dos navios já estavam a caminho, em antecipação ao ataque. A força era tão grande e o plano tão complexo que foi preciso ser colocado em prática bem antes de Eisenhower tomar sua decisão. Durante a reunião noturna, Stagg apresentou o clima, dizendo: "De todos os gráficos dos últimos quarenta ou cinquenta anos que examinei, não me lembro de nenhum que se assemelhe a este em quantidade e intensidade das depressões simultâneas indicadas nesta época do ano."

De alguma forma, era um padrão climático de inverno, mas no meio do verão. Para aumentar ainda mais a confusão, o tempo estava perfeito lá fora. Staggs, no entanto, manteve sua previsão de que o quadro mudaria em breve, com ventos de mais de 70 km/h e baixa nebulosidade, a menos de mil pés. Eisenhower deu a volta na sala, consultando seus três principais comandantes. O comandante naval recomendou não prosseguir – o ataque inicial poderia chegar, mas eles não conseguiriam reabastecê-los, deixando a força exposta a um contra-ataque alemão. Seu comandante aéreo também recomendou não prosseguir – a baixa nebulosidade impediria que os pilotos vissem seus alvos e os distinguissem das forças aliadas. Somente o comandante de terra queria continuar com a operação. Ainda havia uma chance de o tempo melhorar na manhã seguinte, então Eisenhower ordenou que todos se reunissem de novo no próximo dia para uma decisão final.

Às 4h30 do outro dia, com o céu limpo e vento calmo, Eisenhower perguntou a Stagg se ele previa alguma mudança. "Nenhuma mudança, senhor", respondeu ele, dizendo que, apesar das condições serem as ideais naquele momento, a nebulosidade estava prevista para as próximas horas. O comandante terrestre de Eisenhower ainda era a favor de prosseguir com a operação, enquanto o comandante aéreo aconselhava o adiamento. O comandante naval, por sua vez, lembrou aos homens que sua armada já estava a caminho e tinham apenas trinta minutos antes de cruzar o ponto de não retorno. Depois de pensar por alguns minutos, Eisenhower falou. "Comparadas às forças inimigas", disse ele, "as nossas não são extraordinariamente fortes, precisamos de toda a ajuda que nossa superioridade aérea puder fornecer. Se o ar não puder operar, teremos que adiar. Há algum voto contrário?" Em toda a sala, ninguém se opôs, então Eisenhower adiou oficialmente a invasão.

Imediatamente, os comandantes liberaram a sala para reerguer suas forças. A maioria dos navios e das embarcações de desembarque recebeu a mensagem e começou a navegar de volta para seus portos e pontos de encontro no oceano. Entretanto, uma grande formação de 138 navios não recebeu a mensagem e continuou navegando em direção à Normandia. Os operadores de rádio tentaram desesperadamente entrar em contato com eles – se os navios não voltassem imediatamente, seria um desastre. A operação não seria mais sigilosa, e os navios, sem proteção, seriam presas fáceis para os alemães. Não houve resposta dos navios, que continuaram navegando em direção à costa. Finalmente, um biplano britânico Walrus foi enviado para fazer contato. Depois de várias passagens e tentativas de contato com os navios, o piloto, como último recurso, jogou um recipiente no convés do navio líder com um bilhete informando o capitão sobre o adiamento. A força-tarefa enfim reverteu o curso, evitando por pouco o desastre.

No fim da manhã, as nuvens que Stagg havia previsto chegaram e o céu ficou cinza-escuro. Eisenhower andava do lado de fora da casa, uma das mãos enterrada no bolso do paletó e a outra segurando um cigarro aceso. A previsão agora era triste – esperava-se que o tempo piorasse consideravelmente, impossibilitando uma invasão nos próximos dias. Aterrissagens de alto risco à luz do dia nos dias 8 ou 9 eram possíveis; no entanto, era preciso um adiamento de duas semanas para se obter condições favoráveis de maré e lua. Esse longo atraso daria aos alemães mais tempo para reforçar a praia e implantar outras armas secretas, como o temido foguete V-1. Enquanto isso, centenas de milhares de soldados teriam de desembarcar e retornar aos seus acampamentos, prolongando a tensão e reduzindo o moral. Havia também um alto risco para o sigilo da operação, agora que muitas tropas conheciam os detalhes do plano. Além disso, a questão dos russos e os efeitos em cascata pesavam sobre ele. Como foi descrito mais tarde, Eisenhower estava "abatido de preocupação (...) como se cada uma das quatro estrelas em seu ombro pesasse uma tonelada".

À noite, Eisenhower e seus comandantes se reuniram na biblioteca, com a chuva forte batendo nas janelas e o vento uivando lá fora. Stagg tinha uma novidade surpreendente – havia uma pequena frente fria à oeste da Irlanda que deveria se deslocar para a Normandia na manhã do dia 6 e que tinha o potencial de criar condições favoráveis por até 36 horas. Os mares ainda estariam agitados, mas a nebulosidade poderia se dissipar, permitindo o bombardeio aéreo e naval. Os comandantes debateram suas opções. O comandante da Força Aérea hesitou em seu conselho, dizendo que a decisão de ir era "arriscada", mas possível. O comandante naval achava que as embarcações de desembarque teriam certa dificuldade para chegar à terra, mas que não seria um caos. Ele alertou que muitas das embarcações de desembarque estavam com pouco combustível e, se fossem forçadas a abortar outra vez, precisariam retornar ao porto para reabastecer, um processo demorado e complicado. O comandante em terra disse que ainda era possível – os alemães, mal orientados por suas previsões menos precisas devido à sua equipe meteorológica menor, ainda não teriam percebido a mudança no clima e seriam pegos de surpresa.

Nos minutos seguintes, a sala ficou em silêncio. Eisenhower ponderou a decisão, dizendo para ninguém em particular: "A questão é quanto tempo você pode manter essa operação na ponta de um galho e deixá-la pendurada lá." Mais silêncio ainda. Finalmente, Eisenhower disse: "Tenho certeza de que devemos dar a ordem. Não me agrada, mas é isso." Ele deu uma autorização provisória para a operação, com a decisão final a ser tomada na manhã seguinte.

Durante toda a noite, a tempestade piorou. Eisenhower descreveu o fato: "Às 3h30 do dia seguinte, nosso pequeno acampamento estava sacudindo e estremecendo sob um vento que tinha quase as proporções de um furacão, e a chuva que o acompanhava parecia estar caindo em linhas horizontais. O percurso de um quilômetro e meio pelas estradas lamacentas até o quartel--general da Marinha não foi nada animador, pois parecia impossível que, em tais condições, houvesse qualquer motivo para sequer discutir a situação."

Era agora a manhã de 5 de junho, a data originalmente planejada para a invasão. Se a operação não tivesse sido adiada, os navios, após cruzarem mares turbulentos, estariam se aproximando do litoral da Normandia. Uma parte significativa da frota de desembarque já teria virado e afundado, causando o afogamento de milhares de pessoas. As tempestades teriam imobilizado os paraquedistas e planadores, expondo os flancos dos Aliados. O apoio aéreo teria sido inexistente. Qualquer tentativa de aterrissagem em 5 de junho teria sido uma derrota catastrófica para os Aliados.

Os comandantes chegaram à casa pouco depois das quatro da manhã, enrolados em sobretudos para se protegerem da chuva horizontal. Na biblioteca, Stagg informou ao grupo abatido que não havia mudanças significativas em sua previsão. Como Eisenhower escreveu mais tarde: "A perspectiva não era das melhores, devido à possibilidade de desembarcarmos as primeiras levas com sucesso e depois descobrirmos que o reforço posterior seria impraticável, e assim termos que deixar as forças de ataque originais isoladas, presas fáceis da contraofensiva alemã."

Conforme descrito por um dos comandantes, "Eisenhower levantou-se da cadeira e ficou andando com cautela de um lado para o outro da sala (...)

204 | A ARTE DE PENSAR COM CLAREZA

Sua cabeça estava levemente afundada no peito, as mãos fechadas às suas costas. De tempos em tempos, ele parava, virava a cabeça rápida e bruscamente na direção de um dos presentes e fazia uma pergunta ligeira (...), em seguida voltava a andar".

Ainda havia tempo para adiar a invasão. Os Aliados estavam apostando tudo nessa operação. Três anos de planejamento, dois anos de preparação e centenas de milhares de vidas em jogo. Uma operação anfíbia não permitiria uma retirada ordenada se eles não conseguissem se manter nas praias – o preço do fracasso seria alto. Havia também a possibilidade de que os Estados Unidos, que estavam lutando simultaneamente contra os japoneses no Pacífico, retirassem seu apoio da Europa. A decisão de seguir com o plano foi inteiramente de Eisenhower, o que mais tarde chocaria muitos dos líderes alemães, que nunca ousariam tomar uma decisão dessa magnitude sem consultar Hitler. Enquanto a tempestade continuava a fustigar a casa, Eisenhower sentou-se em um sofá, onde ponderou sobre a decisão por vários minutos. Finalmente, ele falou: "Bem, Stagg", disse ele, "se essa previsão se concretizar, prometo a você que teremos uma comemoração quando chegar a hora". Ele então disse: "Ok, vamos lá". Com essas três palavras, a invasão estava agora irrevogavelmente definida – a maior força de invasão da história tinha acabado de ser lançada e logo seria posta à prova. A sala se esvaziou rapidamente conforme seus comandantes começaram a transmitir sua decisão aos subordinados.

Depois de tomar uma das decisões mais importantes da história, Eisenhower mudou seu foco para se recuperar mentalmente. Sem dúvida, ele poderia ter realizado centenas de tarefas menores, mas sabia que, em pouco tempo, deveria tomar outras decisões. Em vez de se concentrar em tarefas menos importantes, ele abraçou a incerteza e encontrou maneiras de se impedir de trabalhar.

Após a reunião, Eisenhower sentou-se para o café da manhã. Depois de uma rápida ida ao porto ali perto para se despedir das últimas divisões britânicas que estavam embarcando, ele voltou para jogar damas e o jogo de tabuleiro Hounds and Fox [Raposa e Cães de Caça] com o seu assistente. Como seu assistente descreve:

PRIORIZE E SEJA DECISIVO | 205

"Ele ganhava sempre, porque trapaceava quando jogava como cão de caça. Jogamos uma partida de damas em um tabuleiro de caixa de biscoito e, assim que eu encurralei a única dama que lhe restava com as minhas duas damas, ele deu um jeito de pular uma das minhas e empatar. No almoço, conversamos sobre velhas histórias da política, pois ele havia conhecido meu velho amigo Pat Harrison quando era um jovem congressista (...) Falamos sobre senadores, gambás e civetas."

Depois do almoço, Eisenhower sentou-se e escreveu um bilhete que foi encontrado por um assessor semanas depois em um cesto de lixo:

> Nossos desembarques na área entre Cherbourg e Le Havre não conseguiram se firmar de maneira satisfatória e eu retirei as tropas. Minha decisão de atacar neste momento e local foi baseada nas melhores informações disponíveis. As tropas, a aviação e a Marinha fizeram tudo o que a bravura e a devoção ao dever poderiam fazer. Se houver alguma culpa ou falha na tentativa, ela é exclusivamente minha.

Felizmente, Eisenhower nunca precisou enviar essa carta. Os resultados foram bem documentados – os alemães não previram a mudança no clima e foram pegos completamente de surpresa. Em 24 horas, os Aliados conquistaram uma posição tênue, que foram expandindo gradualmente. Em poucos meses, eles conseguiram libertar Paris e, em um ano, expulsaram os alemães, o que acabou resultando na destruição do regime nazista.

PRIORIZAR

Eisenhower tomou uma das melhores decisões da história, em grande parte devido à habilidade em saber suas prioridades. "O que é importante quase nunca é urgente e o que é urgente quase nunca é importante", ele costumava dizer. Algumas tarefas são urgentes – se não forem concluídas dentro de um determinado período, a oportunidade desaparece. Outras são importantes; as consequências de realizá-las corretamente são altas. Ao dividir as tarefas de acordo com sua importância e urgência, ele conseguiu desenvolver uma estrutura simples, mas eficaz, para priorizar seu tempo e sua energia, permitindo que se concentrasse em tomar a melhor decisão possível.

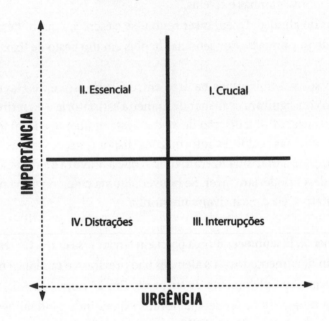

A técnica pode ser visualizada como um gráfico com a importância no eixo vertical e a urgência no eixo horizontal, formando quatro quadrantes. No canto superior direito, quadrante I, temos o urgente *e* o importante. Esses são os itens de ação cruciais, que precisam ser realizados de imediato. Como pilotos de caça, chamamos isso de *rochas próximas* – coisas à nossa frente que podem nos matar. São as decisões que têm a ver com a segurança e o bem-estar das forças aliadas, dos civis ou de nós mesmos. Se a cabine de comando estiver cheia de fumaça, por exemplo, impedir a fumaça é prioridade em relação a todo o restante. Quando planejamos uma missão, a saída de última hora de um avião-tanque exige uma decisão imediata sobre se há combustível o suficiente para concluir a missão. Para um desenvolvedor de software, isso pode ser uma violação de segurança ou, para um médico,

PRIORIZE E SEJA DECISIVO | **207**

pode ser um paciente tendo um ataque cardíaco. A energia e os recursos precisam ser priorizados imediatamente para que a situação seja resolvida. No entanto, é importante observar que as decisões e tarefas não são distribuídas igualmente entre os quadrantes. Se planejadas do jeito apropriado, apenas uma pequena porcentagem das tarefas cai nesse quadrante.

No quadrante superior esquerdo, o quadrante II, estão decisões e tarefas importantes, mas que não são urgentes. É essencial que elas sejam concluídas, mas não têm um prazo imediato. Para os pilotos de caça, são chamadas de *rochas distantes* – coisas que se tornarão um fator nos próximos minutos. No planejamento de missões, são obstáculos em potencial que podem impedir o sucesso geral da missão. Para um administrador de saúde, seria garantir que suas instalações tenham os recursos necessários para funcionar adequadamente. Para um engenheiro civil, seria garantir que os projetos sejam concluídos com segurança. A chave para as tarefas do quadrante II é dedicar o tempo necessário para desenvolver um roteiro e programá-lo com antecedência, para que ele não fique fora de sua verificação cruzada e acabe se transformando em uma tarefa do quadrante I.

Quando Eisenhower chegou à Southwick House, identificou a decisão de lançamento como a mais importante que precisava tomar. Com a maior parte do planejamento concluído, quase todo o seu efeito sobre a operação se resumia ao momento em que ele decidiria executá-la. Sem dúvida, ele foi inundado com centenas de outras solicitações durante o período em que esteve lá, mas nenhuma delas chegou perto da importância de atrasar a invasão na primeira tentativa e, depois, com a mudança no clima, executá-la na segunda tentativa.

No quadrante inferior direito, o quadrante III, há tarefas que são urgentes, mas não importantes. É aqui que o brilhantismo do sistema de Eisenhower começa a se destacar. A maioria das pessoas entende e, no geral, adere naturalmente aos quadrantes anteriores. Mas o que deve ser priorizado: uma tarefa urgente ou uma tarefa importante? Logicamente, deveria ser a tarefa importante, mas, psicologicamente, muitas vezes somos levados a concluir a tarefa urgente, pelo que é conhecido como *efeito de urgência*. É por isso que muitas vezes somos sugados por e-mails e bate-papos de trabalho em detrimento do trabalho profundo e da prática deliberada que são necessários para se atingir uma meta de longo prazo. É onde vivem as interrupções dos colegas de trabalho e as reuniões desnecessárias. Infelizmente, à medida que o nosso mundo se torna mais digital, o problema só piora – a enxurrada de e-mails e outras notificações funcionam como uma máquina caça-níqueis roubando a atenção de nosso cérebro, que são programadas para novidades e se distraem com qualquer coisa. Isso tudo mais o nosso desejo de nos sentirmos ocupados e produtivos faz com que seja fácil sermos sugados para esse quadrante. No entanto, já ficou comprovado que, se a atenção for direcionada aos possíveis resultados *antes* de a decisão ser tomada, o efeito é reduzido. É por isso que é necessário classificar as tarefas de acordo com o quadrante ao qual elas pertencem antes de iniciá-las – o ato força o cérebro a levar em conta as implicações de longo prazo em vez de se restringir ao que é urgente.

A solução de Eisenhower para as tarefas do quadrante III era delegá-las – se precisassem ser feitas, mas não exigissem seu conjunto de habilidades específicas, ele encontraria outra pessoa que pudesse executá-las. Para muitos, essa é uma das habilidades mais difíceis de se aprender. Como piloto de caça, depois de vários anos voando como parceiro de voo, cuja função é fazer o trabalho tedioso, como carregar os arquivos da missão no jato, preparar as salas de reunião e ficar de plantão para ajudar os pilotos seniores, você acaba passando por um upgrade para se tornar um líder de voo, encarregado de várias outras aeronaves. As habilidades necessárias para liderar formações de aeronaves são diferentes das habilidades neces-sárias para ser um parceiro de voo. Um grupo de quatro caças modernos é um recurso estratégico que pode mudar o rumo de uma batalha. Como líder de voo, você precisa entender o panorama geral, pensar a partir de um nível elevado e comunicar sua intenção ao restante da formação para que eles possam executar sua visão. Entretanto, depois de vários anos servindo como parceiro de voo, muitos líderes de voo novatos têm dificuldades e são sugados pelas tarefas menores com as quais estão familiarizados. Isso os impede de ver o panorama geral, levando-os muitas vez ao fracasso da missão. A solução é entender que você não pode fazer tudo e que, como líder de voo, deve delegar suas tarefas para os seus parceiros, de modo que consiga liberar espaço mental para as coisas que só você pode fazer (decisões do quadrante II). O mesmo conceito se aplica fora da cabine de comando – temos uma quantidade limitada de tempo e energia, e precisamos aplicá-los às tarefas mais importantes para atingir nossos objetivos de longo prazo. Embora muitas pessoas não tenham equipes para ajudá-las a realizar as tarefas do quadrante III, a tecnologia está preenchendo essa lacuna cada vez mais. Softwares de organização pessoal, financiamento automatizado e e-mails classificados e filtrados por IA agora estão prontamente acessíveis a qualquer pessoa com um smartphone. Investir nosso tempo aprendendo a aproveitar a tecnologia pode nos permitir manter o foco no que é importante. O quadrante IV é composto por distrações que não são importantes nem urgentes. Essas são tarefas que desperdiçam tempo e que devem ser totalmente eliminadas. Se elas não contribuem de alguma forma para suas metas de longo prazo e não são coisas pelas quais você será penalizado por não fazer, então não devem fazer parte de sua lista de tarefas. O princípio aqui é que o processo mais rápido é não ter processo algum.

As tarefas do quadrante IV são diferentes do tempo de lazer, que consiste em coisas que você deseja fazer para se recarregar mental e fisicamente. Talvez, alguns ficaram surpresos com o fato de Eisenhower ter disputado jogos de tabuleiro durante a invasão do Dia D. Entretanto, compreender a si mesmo e saber quando se afastar para recarregar as energias é uma etapa fundamental para a tomada de boas decisões. Quando eu estava em combate, as missões às vezes duravam oito horas, o que é muito tempo para tomar decisões sem intervalo. Para recarregar a mente, eu tomava alguns goles de água a cada quinze minutos e comia um pouco a cada hora. Não era muito, mas me permitia estender meu foco por períodos maiores.

A pergunta subjacente mais importante ao priorizar é: para que estamos trabalhando? Sem objetivos ou metas evidentes, é difícil entender como tudo se encaixa. Se não houver uma visão clara, nossa mente se voltará para tarefas urgentes, sejam elas importantes ou não. É somente mantendo a disciplina em relação a essa visão que podemos cortar de maneira impiedosa as tarefas que não importam e maximizar nosso impacto.

BAGRAM

Enquanto o motor do meu F-16 continuava a acelerar, o caminhão de combustível enferrujado seguia avançando em direção à minha aeronave. Houve momentos em minha carreira em que senti medo, mas agora o medo estava completamente ausente – havia apenas uma curiosidade irresistível em saber como a situação se desenrolaria. Era como assistir a um filme que estava passando, sendo que eu estava nele. O tempo pareceu desacelerar enquanto todos os pensamentos externos desapareceram – tudo se desenrolava em câmera lenta à minha frente. Meu chefe de equipe, usando seu microfone, perguntou: "O que devemos fazer?"

Com base nos relatórios de inteligência e no que já havia acontecido ao longo do dia, estimei que havia 50% de chance de se tratar de outro homem-bomba. Apesar dos riscos serem altos, a resposta era simples. Um caminhão de combustível totalmente carregado pode transportar cerca de 18 toneladas de combustível, que, se fosse detonado, faria dele uma das maiores bombas convencionais do mundo. Eu também estava sentado em um jato com tanque cheio e uma variedade de bombas, mísseis e munições, que, por sua vez, estava estacionado ao lado de vários outros F-16. Se fosse um homem-bomba, nenhum de nós sobreviveria à explosão. Por outro lado, se não fosse um homem-bomba, ainda precisaríamos cumprir nossa missão.

Apertei o botão do microfone e falei com o nosso centro de operações. Normalmente, como piloto de caça, você deve falar em voz baixa e calma quando estiver se comunicando pelo rádio, para que possa ser uma força tranquilizadora para os outros. Nesse caso, eu queria transmitir uma sensação de urgência, então aumentei o ritmo e a aspereza da minha voz e disse: "Há um caminhão suspeito não identificado movendo-se rapidamente em direção ao pátio do F-16. Precisamos protegê-lo agora."

O caminhão parou a algumas dezenas de metros do meu jato, seus freios a ar soltavam um chiado enquanto a suspensão balançava para a frente e para trás. A cabine estava escura, na sombra das luzes brancas de segurança. Esse era o momento da verdade. O que aconteceria em seguida? Era impossível não ficar tenso com a expectativa do que poderia acontecer; no entanto, não havia tempo para ficar ali sentado observando – eu havia tomado a decisão de continuar a partida, então meu chefe de equipe e eu seguimos com a sequência o mais rápido possível. De soslaio, pude ver pessoas saindo de um bunker adjacente, usando camisetas e armadas com rifles. Não eram forças de segurança, mas mantenedores. Apesar de não terem treinamento, observei dez deles correrem em direção ao caminhão com seus M16. Eles subiram no caminhão, abriram a porta e arrastaram o motorista para fora.

A essa altura, o F-16 já estava em condições de taxiar. Meu objetivo era tirar meu parceiro e meu jato do rota de perigo, caso houvesse um detonador remoto no caminhão. Pelo menos teríamos dois F-16 funcionando e no ar para ajudar a proteger a base de um ataque. Empurrei o acelerador, taxiei e decolei para a missão.

Assim que decolamos, os mantenedores protegeram a área e cercaram um perímetro enquanto aguardavam as forças de segurança. Quando elas chegaram, levaram o motorista sob custódia. Nunca conseguiram descobrir se ele tinha intenções maliciosas ou não. Ele veio de uma área externa da base e não tinha autorização para estar ali. Não foram encontrados explosivos; no entanto, especulou-se que ele poderia estar tentando abalroar um dos jatos, mas mudou de ideia no último instante. Ao todo, cinco profissionais norte-americanos perderam a vida naquele dia, e outros dezessete ficaram feridos.

DECISIVO

As pessoas costumam ter dificuldade em tomar uma decisão e agir, principalmente quando os riscos aumentam. Pensam demais no problema e esgotam sua capacidade mental tentando tomar a decisão perfeita. Isso somado à reação fisiológica do corpo ao estresse e à pressão pode levar à confusão e à incapacidade de tomar uma decisão.

Quando voo com novos alunos, é fácil para eles ficarem saturados de tarefas. Aprender a pilotar um caça é complicado – são milhares os comandos que conectam o piloto à aeronave. É como falar um novo idioma: são necessários muitos anos para chegar à fluência. Além disso, eles ficam tão vidrados em conseguir o mais rápido possível, que muitas vezes têm sobrecarga mental. O que eu digo a eles é para nunca ficarem saturados com uma carga de tarefas superior a 90%. Você precisa de espaço mental para enxergar o panorama geral e priorizar a lista de tarefas interminável. Quando você se permite ficar 100% saturado de tarefas, você não está mais no controle – as tarefas começam a ser descartadas automaticamente, quer você queira quer não, e você não consegue fazer a triagem adequada da situação.

A solução é simples, mas difícil de executar – eles precisam fazer *menos*. Aproximando-se de 90% da capacidade, terão de fazer uma distribuição inteligente das tarefas. Podem querer fazer mais, os outros podem querer que eles façam mais, mas o melhor a se fazer é entender suas limitações e comunicá-las de forma eficaz. E essa lição não é válida apenas para estudantes. À medida que você se torna mais experiente como piloto de caça, a novidade e a empolgação diminuem e você se torna um piloto mais eficaz e letal. Entretanto, mesmo para os experientes, há casos extremos em que você pode facilmente ficar saturado de tarefas. Um deles é quando você ouve que as forças aliadas estão sob ataque e você tem a oportunidade de ajudá-las. Cada músculo do seu corpo quer salvá-las o mais rápido possível. Contudo, é importante renunciar à tentação de se apressar – permaneça no nível de 90%, porque essas tropas necessitam de alguém com a cabeça livre para pensar e ser decidido.

Outro motivo pelo qual as pessoas são indecisas é o fato de se esforçarem para eliminar todas as incertezas das decisões. Os melhores tomadores de decisão são amigos da incerteza. Em pouquíssimas oportunidades na vida você terá 100% de certeza de sua decisão. Embora existam ferramentas como a previsão rápida para ajudar a eliminar algumas incertezas, em última análise, estamos apenas tentando aumentar ao máximo as chances de um resultado positivo a nosso favor. Cada momento em que você está adiando sua decisão representa um custo em termos de tempo e energia mental. Eventualmente, esse custo superará o benefício da espera – esse é o ponto em que é hora de tomar uma decisão e seguir em frente.

Outra maneira de ver a tomada de decisão é entender que estamos apenas tentando eliminar as escolhas que claramente não são ideais. Imagine mapear mil rotas diferentes em sua cidade para um destino específico; 99% dessas rotas certamente serão escolhas ruins. Essas são fáceis de eliminar, e provavelmente ainda vão restar algumas boas opções. Com base em suas prioridades – tempo mínimo, complexidade mínima, combustível mínimo, melhor cenário – você também pode eliminar algumas das opções restantes, ficando com apenas duas ou três. Esse é o ponto em que muitas pessoas ficam empacadas. Elas continuam tentando refinar sua avaliação até restar apenas uma opção. Muitas vezes, ou há muita incerteza ou as opções são muito diferentes para se chegar a uma única escolha. Em vez de continuar deliberando, a solução agora é simples: escolha qualquer uma das opções viáveis restantes. Sua energia e seu tempo são mais bem utilizados ao se dedicar a um problema diferente ou mantendo-se flexível em relação aos prováveis ajustes que terá de fazer por causa de algum imprevisto. Se ainda estiver em dúvida, escolha a opção mais simples – isso permitirá que você economize energia mental e, ao mesmo tempo, minimize as chances de falha.

Nas decisões da vida, eu descobri que, quando há várias opções aparentemente iguais, escolher a opção viável mais arriscada geralmente proporciona o maior retorno em valor. A maioria das pessoas detesta a incerteza, principalmente quando ela é combinada ao risco. Como seres humanos, somos biologicamente programados para superestimar o risco. Se você for capaz de superar esse obstáculo mental, será fácil se diferenciar e aumentar consideravelmente suas chances de sucesso.

Mas, se a essa altura você ainda estiver em dúvida, vou compartilhar uma coisinha que aprendi quando criança para decidir entre várias opções parecidas. Estique os dedos – um para cada opção viável. Em seguida, bata-os em uma superfície sólida e o que estiver doendo mais será a sua escolha. É claro que é muito melhor poder usar o pensamento crítico para reduzir as escolhas a uma única opção; no entanto, quando você estiver empacado e sem tempo, experimente isso.

EPÍLOGO

Ser capaz de tomar boas decisões o tempo todo é um dos grandes desafios de nosso tempo. Estamos passando por uma revolução tecnológica que está alterando fundamentalmente a maneira como vivemos, trabalhamos e nos relacionamos uns com os outros. Enquanto as lideranças dos séculos XIX e XX se concentraram principalmente nos efeitos da Revolução Industrial e nos meios de administrar grandes grupos de pessoas, os líderes deste século serão definidos pela clareza com que pensam e tomam decisões.

A inteligência artificial e os outros auxílios tecnológicos estão ganhando cada vez mais espaço e, em muitos casos, substituindo o trabalho rotineiro e repetitivo em nossa vida. Essa revolução, assim como as que a precederam, está causando rupturas em quase todos os setores da indústria pelo mundo – tudo está mudando, desde a forma como planejamos nossas viagens, trabalhamos, até como criamos nossos filhos. Isso nos leva a um ambiente cada vez mais dinâmico, no qual as decisões não podem ser tomadas do mesmo jeito de sempre – cada escolha precisa ser continuamente reavaliada, muitas vezes em velocidades vertiginosas.

Entretanto, para os adeptos a mudanças, essa alavancagem tecnológica os ajuda a chegar a resultados muito maiores do que conseguiriam no passado.

A chave para desbloquear esse poder é a tomada de decisão clara – encontrar uma maneira deliberada e iterativa de tomar decisões que produzam o melhor valor em determinada circunstância. Como pilotos de caça, estamos passando por essa revolução há várias décadas, e este livro representa muitos dos princípios que aprendemos para prosperar em um ambiente complexo, dinâmico e repleto de incertezas. Essas lições já foram implementadas por cirurgiões, coaches profissionais, agentes da CIA, CEOs, astronautas da NASA e muitos outros que treinamos ao longo dos anos.

A capacidade de avaliar um problema com clareza, gerar possíveis cursos de ação, avaliar o valor esperado para só então colocá-lo em prática é uma habilidade universal que todos podem aprender e aprimorar. Este livro representa um ponto de partida e não deve ser usado como doutrina. O conhecimento só é útil na medida em que pode ser aproveitado e usado quando necessário. Não importa o fato de que as informações podem ser bem lembradas em um ambiente estéril – a única coisa que importa é como elas podem ser bem usadas no mundo real, onde há distrações, incertezas e riscos. As lições deste livro tornarão você um excelente tomador de decisões, mas agora começa o verdadeiro trabalho: encontrar uma maneira de integrar esses conceitos à estrutura mental que você construiu ao longo da vida. Boa sorte.

AGRADECIMENTOS

Este livro, fruto de mais de seis anos de preparação, é uma tentativa de transmitir o conhecimento e a sabedoria que adquiri durante minha carreira como piloto de caça. Quaisquer erros ou problemas encontrados aqui são de minha, somente minha, responsabilidade.

Acima de tudo, gostaria de agradecer à minha família pelo apoio inabalável não apenas ao escrever este livro, mas durante toda a minha vida. Longos dias de treinamento, viagens inesperadas e voos de combate são tarefas para as quais eu me voluntariei, mas são um fardo que minha família herdou. Toda vez que um jato caía, era minha família que tinha de esperar para ver se seu marido, pai, filho ou irmão tinha morrido.

Minha esposa, Kylie, merece um reconhecimento especial neste livro. Por mais de um ano e meio, ela me permitiu escrever todos os dias. Durante esse período, foi a única pessoa em quem confiei para ler o texto bruto, não editado, dando feedback e apoio constante. Também gostaria de agradecer aos meus filhos não apenas pelo tempo que me deram para escrever, mas por me permitirem testemunhar sua curiosidade insaciável e seu amor pelo aprendizado, que me ensinou muito mais do que eu ensinei a eles.

Gostaria de agradecer aos meus pais, Ping e Deborah, que criaram e deram todo apoio a um garoto com um pouco mais de uma pitada de rebeldia. Quando criança, eu não facilitava a vida deles. No entanto, sua generosa paciência e orientação permitiram que eu acabasse aproveitando esse poder. O mesmo vale para meus irmãos, Derek e Sophia, que dedicaram sua vida ao serviço.

Também gostaria de agradecer ao meu bom amigo Dan Schilling, ex-controlador de combate e agora autor, por ter me aconselhado durante todo o processo de escrita e por ter me apresentado ao meu agente, Larry Wiseman. Larry merece grande crédito por suas muitas horas de trabalho comigo e pela forma como surgiu com um instinto matador, digno de um piloto de caça, ao sair em busca de uma editora. Meu editor, Marc Resnick, também merece reconhecimento. Sua postura tranquila e confiança inabalável em minha escrita permitiram que eu desse a este livro a forma que você vê hoje. O mesmo vale para o restante da equipe da St. Martin's Press, que me deu um apoio significativo.

Por fim, gostaria de expressar minha gratidão aos meus colegas pilotos de caça: esses guerreiros do céu dedicaram uma quantidade enorme de sangue, suor e lágrimas ao longo dos anos, transformando as Forças Armadas dos Estados Unidos na mais formidável força de combate do mundo. Poucos entenderão de fato o grande impacto causado por esse pequeno grupo na defesa da liberdade. Para mim, sua orientação e seu apoio contínuos durante minha carreira ajudaram a me transformar no homem que sou hoje. O mesmo vale para a escrita deste livro: muitos pilotos de caça, atuais e antigos, ajudaram a aprimorar os conceitos e o texto destas páginas. Alguns deles já se foram... Pra cima deles, AFF, Caçar, Banzai, Força e Honra...

BIBLIOGRAFIA

INTRODUÇÃO

"Fatal Airliner (14+ Passengers) Hull-Loss Accidents." Aviation Safety Network, Flight Safety Foundation, https://aviation-safety.net/statistics/period/stats. php?cat=A. Arquivado do original em 26 de julho de 2012, https://web.archive. org/web/20120726023922/http:/aviationsafety.net/statistics/period/stats.php?-cat=A1. Recuperado em 21 de dezembro de 2012.

"Global Fatal Accident Review 2002 to 2011." UK Civil Aviation Authority, https:// web.archive.org/web/20170802210140/http:/publicapps.caa.co.uk/docs/33/ CAP%201036%20Global%20Fatal%20Accident%20Review%20 2002%20to%20 2011.pdf. Arquivado do original em 2 de agosto de 2017, https:// www.gov. uk/government/organisations/civil-aviation-authority. Recuperado em 2 de agosto de 2017.

CAPÍTULO 1: AVALIAR

Armstrong, Paul. "Has Air France Flight 447 Mystery Finally Been Solved?" CNN, Cable News Network, 5 de julho de 2012, https://www.cnn.com/2012/07/04/ world/europe/air-france-flight-447-explainer/index.html.

Faccini, Barbara. "Four Minutes, 23 Seconds." Volare Aviation Monthly, janeiro de 2013.

Irving, Clive. "Air France Flight 447 Crash Timeline." The Daily Beast, The Daily Beast Company, 13 de julho de 2017, https://www.thedailybeast.com/air-fran-ce-flight-447-crash-timeline.

O'Brien, Jamie. "Mystery Over the Atlantic: The Tragic Fate of Air France Flight 447." The CASE Journal, vol. 15, n° 1, 2019, pp. 22–45, https://doi.org/10.1108/ tcj-08–2018–0090.

"Who We Are." Airbus, 14 de junho de 2021, https://www.airbus.com/en/who--we-are.

CAPÍTULO 2: LEIS DE POTÊNCIA

"Excite-Magellan Merger Signals Trend." CNET, 29 de junho de 1996, https://www.cnet.com/tech/mobile/excite-magellan-merger-signals-trend/.

Fisk, Peter. "Metcalfe's Law Explains How the Value of Networks Grows Exponentially... Exploring the 'Network Effects' of Businesses Like Apple, Facebook, Trulia and Uber." 18 de março de 2020, https://www.peterfisk.com/2020/02/metcalfes-law-explains-how-the-value-of-networks-grow-exponentially-there-are-5-types-of-network-effects/.

Hewitt, Paul. "Exponential Growth and Doubling Time." The Science Teacher, agosto de 2020.

Langhe, Bart de, et al. "Linear Thinking in a Nonlinear World." Harvard Business Review, junho de 2017.

Levy, Steven. In the Plex: How Google Thinks, Works, and Shapes Our Lives. 1st ed. New York: Simon & Schuster, 2011.

McCullough, Brian. "Excite.com CEO George Bell." Internet History Podcast, November 2014.

Peer, Eyal, and Eyal Gamliel. "Pace Yourself: Improving Time-Saving Judgment When Increasing Activity Speed." PsycExtra Dataset, 2012, https://doi.org/10.1037/e519682015-085.

Szekely, Pablo, et al. "The Mass-Longevity Triangle: Pareto Optimality and the Geometry of Life-History Trait Space." PLOS Computational Biology, vol. 11, n° 10, 2015, https://doi.org/10.1371/journal.pcbi.1004524.g004.

West, Geoffrey B. Scale: The Universal Laws of Growth, Innovation, Sustainability, and the Pace of Life in Organisms, Cities, Economies, and Companies. New York: Penguin Press, 2017.

Ziv, Shahar. "Which Would You Pick: $1,000,000 or a Magical Penny?" Forbes, 10 de dezembro de 2021, https://www.forbes.com/sites/shaharziv/2019/07/30/can-you-correctly-answer-the-magical-penny-question/?sh=549eed6f1a64.

BIBLIOGRAFIA | 221

CAPÍTULO 3: LIÇÕES APRENDIDAS

Boyne, Walter. "Red Flag." Air & Space Forces, novembro de 2001.

Herculano-Houzel, Suzana, and Jon H. Kaas. "Gorilla and Orangutan Brains Conform to the Primate Cellular Scaling Rules: Implications for Human Evolution." Brain, Behavior and Evolution, vol. 77, n° 1, 2011, p. 33–44, https://doi.org/10.1159/000322729.

Ridley, Matt. The Rational Optimist: How Prosperity Evolves. 1st U.S. ed. New York: Harper, 2010.

CAPÍTULO 4: PREVISÃO RÁPIDA

"How Many Calculations Per Second Can the Human Brain Do?" NeuroTray, October 19, 2022, https://neurotray.com/how-many-calculations-per-second--can-the-human-brain-do/.

"Nicholas Carr: 'Are We Becoming Too Reliant on Computers?'" The Guardian, 17 de janeiro de 2015, https://www.theguardian.com/books/2015/jan/17/nicholas--carr-are-we-becoming-too-reliant-on-computers.

CAPÍTULO 5: CRIATIVIDADE

Barnes, Julian E. "Why the U.S. Was Wrong About Ukraine and the Afghan War." The New York Times, 24 de março de 2022, https://www.nytimes.com/2022/03/24/us/politics/intelligence-agencies-ukraine-afghanistan.html.

Cohen, Eliot (ed.). Gulf War Air Power Survey, Volume IV: Weapons, Tactics, and Training and Space Operations. Washington, D.C.: Department of the Air Force, 1993.

Comer, Richard. "Operation Eager Anvil: Pave Low Leaders." Defense Media Network, https://www.defensemedianetwork.com/stories/operation-eager--anvil-pave-low-leaders/.

Deptula, David. "Effects-Based Operations: Change in the Nature of Warfare." Aerospace Education Foundation, fevereiro de 2001.

Duczynski, Guy. Effects-Based Operations: A Guide for Practitioners. Perth, Australia: Edith Cowan University, 2004.

"Gulf War Fast Facts." CNN, Cable News Network, https://edition.cnn.com/2013/09/15/world/meast/gulf-war-fast-facts/index.html. Arquivado do original em 12 de novembro de 2020, https://web.archive.org/web/20201112020744/https:/edition.cnn.com/2013/09/15/world/meast/gulf-war-fast-facts/index.html. Recuperado em 15 de dezembro de 2020.

Keeney, Ralph. "Creativity in Decision Making with Value-Focused Thinking." MIT Sloan Management Review, Verão 1994.

Mackenzie, Richard. "Apache Attack." Air Force, outubro de 1991.

Rich, Ben R., and Leo Janos. Skunk Works: A Personal Memoir of My Years at Lockheed. 1st ed. New York: Little, Brown, 1994.

Underwood, Beth. "Blinding Saddam." Military History, março de 2017.

Whitcomb, Darrel. "Flying the First Mission of Desert Storm." Air Power History, 2012.

CAPÍTULO 6: RESISTÊNCIA MENTAL

Arnsten, Amy F. "Stress Signalling Pathways That Impair Prefrontal Cortex Structure and Function." Nature Reviews Neuroscience, vol. 10, nº 6, 2009, pp. 410-422, https://doi.org/10.1038/nrn2648.

"Explosive Weapon Effects: Final Report," Centro Internacional de Desminagem Humanitária de Genebra), Genebra, fevereiro de 2017.

United States District Court, District of South Carolina, Greenville Division. Winston Tyler Hencely vs. Fluor Corporation, Inc.; Fluor Enterprises, Inc.; Fluor Intercontinental, Inc.; Fluor Government Group International, Inc., junho de 2020.

CAPÍTULO 7: PRIORIZE E SEJA DECISIVO

Butcher, Harry. My Three Years with Eisenhower. New York: Simon and Schuster, 1946.

Buttle, Cameron. "The RAF Weathermen Who Helped Save D-Day." BBC News, British Broadcasting Corporation, 4 de junho de 2019, https://www.bbc.com/news/uk-scotland-48498383.

D'Este, Carlo. "The Storm Before the Storm." HistoryNet, 29 de março de 2022, https://www.historynet.com/the-storm-before-the-storm/?f.

Eisenhower, David. Eisenhower at War, 1943-1945. 1st ed. New York: Random House, 1986.

Hand, Rodger. "'Okay, We'll Go'–An Analysis of Eisenhower's Decisions Launching Overlord." Army History, Primavera 1997.

BIBLIOGRAFIA | 223

"How Busyness Leads to Bad Decisions." BBC Worklife, British Broadcasting Corporation, https://www.bbc.com/worklife/article/20191202-how-time-scarcity-makes-us-focus-on-low-value-tasks.

Sibbons, Mike. From the Archives: An Eclectic Mix of Stories from the History of REME. Oxford: Osprey Publishing, 2016.

Este livro foi composto na tipografia Minion Pro,
em corpo 11/15,5, e impresso em
papel off-white no Sistema Cameron da
Divisão Gráfica da Distribuidora Record.